Les cahiers d'**exercices**

Latin

AF134635

Faux-débutants
Intermédiaire

Tristan Macé

À propos de ce cahier

Ce cahier vous propose de poursuivre l'exploration de la langue latine entamée dans le volume 1 (*Latin débutants*) de cette collection. En près de 120 exercices, vous aborderez de manière progressive les principales difficultés de la phrase latine. Les textes des exemples et des exercices sont presque tous issus des auteurs latins eux-mêmes, de l'Antiquité à aujourd'hui, pour vous donner le plaisir de lire de plus en plus facilement Cicéron ou Érasme ! De quoi poursuivre sans peine la découverte de ces trésors inépuisables.

Enfin, nous vous proposons d'effectuer votre autoévaluation : après chaque exercice, dessinez l'expression de vos icônes (☺ pour une majorité de bonnes réponses, 😐 pour environ la moitié et 😞 pour moins de la moitié). À la fin de chaque chapitre, reportez le nombre d'icônes relatives à tous les exercices et, en fin d'ouvrage, faites les comptes en reportant les icônes des fins de chapitre dans le tableau général prévu à cet effet.

Sommaire

L'ordre des mots en latin
Révisions morphologiques

L'ordre des mots dans la phrase

On dit souvent que l'ordre des mots est libre en latin, grâce aux déclinaisons. Ce n'est qu'en partie vrai, pour trois raisons : parce que certains mots ont tout de même une place obligatoire en raison de leur fonction dans la phrase (coordinations, prépositions, subordonnants) ; parce que cet ordre est régi par des habitudes plus que par des règles ; et, enfin, parce que cette liberté même permet des effets de sens qu'il faut apprendre à repérer.

1 Traduisez la phrase *Titus aime Bérénice* puis la phrase *Bérénice aime Titus* sans changer l'ordre des mots d'une phrase à l'autre, et en partant de l'ordre français, par commodité.

a. ....

b. ....

2 Reprenez maintenant la phrase a. traduite du précédent exercice en disposant les trois mots de toutes les manières possibles... soit encore cinq solutions !

Titus amat Berenicen, ou bien :

a. ....

b. ....

c. ....

d. ....

e. ....

Banque de mots

Titus, i	*Titus* (empereur romain)
Berenice, es	*Bérénice* (princesse orientale). Attention, déclinaison empruntée au grec : acc. Bereni**cen**.

L'ordre des mots dans la phrase : détails

Appuyons-nous d'abord sur les constantes les plus commodes, malgré leurs nombreuses exceptions. On ne traite ici que de la prose ; la poésie introduit d'autres contraintes. Attention, il s'agit bien d'un ordre souvent observé, cela ne constitue pas une règle.

- Le <u>verbe</u> d'une phrase simple ou d'une proposition se place le plus souvent <u>à la fin</u>. Exemple : **Canis similis lupo sane est** ➜ *Le chien est assez semblable au loup.*

- Le <u>groupe sujet</u>, au nominatif, se trouve souvent <u>en tête de phrase</u> : les compléments se trouvent donc encadrés par le groupe sujet et le verbe. **Ferox lupus imbellem agnum in silva edit** ➜ *Dans la forêt, le loup hardi mange l'agneau paisible.*

- L'<u>adjectif</u> se place <u>avant</u> le nom qu'il détermine : **bonus vir**, *l'honnête homme* ; **frequentissima urbs**, *une ville surpeuplée.*

- Sauf pour les noms de fonction : **pontifex maximus**, *le souverain pontife* ; **praetor urbanus**, *le préteur urbain.* Mais… **urbanus praetor** voudra dire *un préteur très poli !* Pensez à la différence en français entre *un homme grand* et *un grand homme.*

- L'<u>adverbe</u> se place <u>avant</u> le terme qu'il nuance : **tam bonus**, *vraiment bon.* **Galli fortiter pugnarunt** ➜ *Les Gaulois combattirent courageusement.*

- La <u>préposition</u>, comme son nom l'indique, se place <u>avant</u> le groupe qu'elle régit. **Per umbram ibant** ➜ *Ils allaient à travers l'obscurité.*

- Le <u>génitif</u> se place <u>avant</u> le nom qu'il détermine : **in Vulcani fanum**, *devant le temple de Vulcain.*

- Les mots qui contribuent à l'<u>articulation du discours</u> se placent en <u>première</u> ou en <u>seconde</u> position : **Iam hanc epistulam circumspicies** ➜ *<u>D'emblée</u>, tu vas parcourir cette lettre.* **Istuc <u>quoque</u> ab Epicuro dictum est** ➜ *Cela <u>aussi</u> a été dit par Épicure.*

3 En tombant du mur, l'inscription s'est brisée en onze morceaux ! Remettez les onze mots dans un ordre plausible en vous appuyant sur la leçon qui précède, et sur la traduction fournie (d'après Suétone).

Donc, aussitôt, l'empereur Titus renvoya de Rome la reine Bérénice, malgré lui, malgré elle.

AB — REGINAM — INVITUS — STATIM — BERENICEN

CAESAR — URBE — DIMISIT — INDE — TITUS — INVITAM

Banque de mots

ab (+ abl.)	*à partir de, de*
urbs, urbis (f.)	*ville*, donc *Rome* (la ville par excellence)
Caesar, aris (m.)	*empereur*
dimitto, is, ere, misi, missum	*renvoyer*
invitus, a, um	*malgré soi, contre son gré, sans le vouloir*
statim (adv.)	*aussitôt*
regina, ae (f.)	*reine*
inde	*donc*

4 Proposez une traduction différente pour chacune des phrases suivantes, qui rende compte en français de la place des mots en latin. N'en soyez pas esclave, et faites attention à ne pas faire de votre phrase française un charabia !

a. Patribus convocatis egregiam orationem consul fecit.

....

b. Egregiam patribus convocatis orationem consul fecit.

....

c. Improbus labor omnia vincit.

....

d. Labor omnia vincit improbus. (Virgile)

....

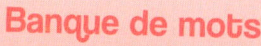

Banque de mots

pater, patris (m.)	*père* ; au pluriel, *les Pères* désigne souvent *le sénat* ou *les sénateurs*
convoco, as, are, avi, atum	*convoquer, rassembler*
egregius, a, um	*excellent, remarquable, d'élite*
oratio, orationis (f.)	*discours*
improbus, a, um	*acharné*
labor, oris (m.)	*effort, peine, travail*
vinco, is, ere, vici, victum	*vaincre*

Les six déclinaisons : révision

On classe les déclinaisons latines selon le génitif singulier. On peut donc dire qu'il y a six déclinaisons.

- Génitif en **-ae** : mots féminins pour la plupart (**ancilla**, **ae**), adjectifs (**bona**), participes passés (**amata**).
- Génitif en **-i** : mots masculins et neutres (**dominus**, **i** / **templum**, **i**), adjectifs (**bonus** ou **bonum**), participes passés (**amatus**), infinitifs (**amandum**, **amandi**).
- Génitif en **-is** : mots masculins et féminins (**princeps**, **ipis** / **urbs**, **urbis**), adjectifs (**fortis, e**), participes présents (**amans**, **amantis**). Nominatifs très divers.
- Génitif en **-ei** : mots masculins et féminins, peu nombreux mais très courants (**res**, **rei**).
- Génitif en **-us** : mots masculins et féminins, peu nombreux (**senatus**, **us**).
- Génitif en **-ius** : pronoms-adjectifs de toutes sortes, nombreux et très employés (**ille**, **iste**, **hic**, **is**, **qui**, **alius**, **unus**, **uter**, etc.). Le pluriel suit, en revanche, les deux premières déclinaisons.

Les fonctions grammaticales marquées par chaque déclinaison ont été vues dans le volume 1 (*Latin débutants*). Pour illustrer la richesse et la souplesse de ce que permet la déclinaison, voici quatre exercices à partir d'une phrase de Jules César où tout, ou presque, est exprimé par la répartition des cas.

5 **Dans le texte suivant, extrait de *La Guerre civile*, relevez les mots déclinés et donnez leur cas, en vous aidant de la banque de mots, bien sûr.**

Ita multorum mensium labor hostium perfidia et vi tempestatis puncto temporis interiit.

a. ....

b. ....

c. ....

d. ....

e. ....

f. ....

g. ....

h. ....

i. ....

6 Analysez maintenant la phrase par groupes de mots.

   a. Le groupe sujet est ....

   b. Les deux compléments de moyen sont ....
   et ....

   c. Le complément de temps est ....

Banque de mots

ita (adv.)	*ainsi*
mensis, is (m.)	*mois*
multus, a, um	*nombreux, beaucoup*
hostis, is (m.)	*ennemi*
perfidia, ae (f.)	*traîtrise, perfidie*
vis (f.)	*violence, force* (génitif singulier inusité)
tempestas, atis (f.)	*temps* en général (au sens de la météo), mais surtout *mauvais temps, intempéries, orage*
punctum, i (n.)	*piqûre, petit trou,* d'où : *point, instant*
tempus, oris (n.)	*temps* (au sens de la durée)
intereo, is, ire, ii, itum	*disparaître, périr, mourir* (composé de **ire**)
interficio, is, ere, feci, fectum	*anéantir, tuer*

7 Vous êtes maintenant en mesure de traduire cette jolie phrase de César, en mettant bien en valeur la séparation du sujet et du verbe...

Ita, multorum mensium labor, hostium perfidia et vi tempestatis, puncto temporis interiit.

....

....

8 Et, pour voir si vous avez bien compris le rôle subtil de la déclinaison, voici presque la même phrase à traduire, à peine modifiée !

Ita multorum mensium laborem hostium perfidia et vis tempestatis puncto temporis interfecerunt.

....

....

La conjugaison latine : révision

Le système verbal latin est structuré par quatre grands couples d'opposés, qu'il convient d'avoir à l'esprit si on veut comprendre la conjugaison latine, et ses différences avec le français :

Formes conjuguées *vs* formes déclinées
ama**nt** / ama**ntem**
cap**imus** / capt**us**
ag**o** / age**nda**
(on repère la différence de **morphologie**)

Voix active *vs* voix passive
am**at** / am**atur**
audieba**mus** / audieba**mur**
(on repère la différence de **désinence**)

Infectum *vs* perfectum
amabat / **amav**it
facimus / **fec**imus
(on repère la différence de **radical**)

Indicatif *vs* subjonctif
ama**bas** / ama**res**
leg**es** / leg**as**
fec**i** / fec**erim**
(on repère la différence de **suffixe**)

Voici un exemple. Soit la forme **amarentur**. La désinence **-ntur** me permet de reconnaître la morphologie verbale et la voix passive ; le suffixe **-re-**, le subjonctif (imparfait) ; le radical **ama-**, une forme d'**infectum**. Certaines formes composées (le parfait passif, par exemple) fonctionnent certes différemment, mais toujours à partir de cette structure. Avec l'apprentissage progressif des formes premières des verbes, des désinences et des suffixes, ces quatre points de repère doivent vous conduire à reconnaître n'importe quelle forme verbale, sans avoir recours à de fastidieux « tableaux de conjugaison ».

9 Lisez bien les couples de formes verbales qui suivent et dites quel est le critère de différenciation (le radical, la désinence, la morphologie, le suffixe). Vous n'avez pas besoin de connaître le sens des verbes.

a. capit / cepit : différence de ....

b. facit / faciat : différence de ....

c. amatis / amamini : différence de ....

d. agebamur / ageremur : différence de ....

e. noli / nolens : différence de ....

f. duc / ducunt : différence de ....

g. fert / tulit : différence de ....

h. amavimus / amaverimus : différence de ....

i. vocant / vocatae : différence de ....

j. legunt / leguntur : différence de ....

10 Analysez maintenant les formes verbales qui suivent selon les quatre critères de la leçon ci-contre. Bien sûr, si vous tombez sur une forme déclinée, ne remplissez pas les deux dernières colonnes (mais attention, souvenez-vous que le participe présent est actif et le participe passé, passif !). On vous a laissé un petit piège à la fin.

Forme	Conjuguée ou déclinée ?	Active ou passive ?	Indicatif ou subjonctif ?	Infectum ou perfectum ?
a. legamus				
b. vocantem				
c. amaverim				
d. tulisti				
e. duco				
f. ducto				
g. agitur				
h. facias				
i. amatis				
j. amatis				

Bravo, vous êtes venu à bout du chapitre 1 ! Il est maintenant temps de comptabiliser les icônes et de reporter le résultat en page 128 pour l'évaluation finale.

2

Le subjonctif

Emploi et formation du subjonctif

En latin, le mode subjonctif recouvre entièrement les emplois de notre subjonctif et de notre conditionnel, plus certains emplois de notre futur et de notre impératif. Il exprime de manière très générale le fait envisagé et non effectif, c'est-à-dire la volonté, le possible, l'ordre, l'incertitude, etc. Il forme également un parallélisme complet avec l'indicatif, ce qui permet une grande précision dans la concordance des temps (cf. chapitre 4). Bref : il est indispensable de l'apprendre.

À l'actif, il se forme de la manière suivante :

Présent	radical de l'**infectum**	+ suffixe **-a-** (**-e-** pour la conjugaison en **-a-**)	+ désinences	Exemples : *que tu lises*, **leg + a + s = legas** ; *qu'ils aiment*, **am + e + nt = ament**.
Imparfait	radical de l'**infectum**	+ suffixe **-re-**	+ désinences	Exemple : *qu'il avertît*, **mone + re + t = moneret**.
Parfait	radical du **perfectum**	+ suffixe **-eri-**	+ désinences	Exemple : *que j'aie agi*, **eg + eri + m = egerim**.
Plus-que-parfait	radical du **perfectum**	+ suffixe **-isse-**	+ désinences	Exemple : *nous aurions pris*, **cep + isse + mus = cepissemus**.

1 Donnez le temps et la personne des dix formes suivantes.

Forme au subjonctif	Temps	Personne
a. amavisset		
b. legerent		
c. capias		
d. audiverimus		
e. moneatis		
f. amarem		
g. cepisses		
h. audires		
i. legant		
j. monuissemus		

2 Parmi les formes suivantes, repérez et soulignez toutes celles qui sont au subjonctif.

a. audiverunt **b.** amare **c.** capiat **d.** amamus **e.** monerem **f.** legerunt **g.** amaret

h. monuisse **i.** audiam **j.** cepit

3 Pour chacune des formes suivantes, dites s'il s'agit d'un indicatif ou d'un subjonctif, puis transposez-la dans l'autre mode en conservant le temps et la personne.

La forme...	... est au mode...	... et se transpose...
a. amo		
b. ceperit		
c. audiat		
d. moneres		
e. legimus		
f. amavissetis		
g. caperet		
h. legebant		
i. audivi		
j. monebatis		

Le subjonctif du verbe *être*

Le subjonctif du verbe *être* ne suit pas tout à fait ces règles de formation pour les temps de l'**infectum**. Pour les temps formés sur le **perfectum**, pas de problème.

Subjonctif présent	Subjonctif imparfait	Subjonctif parfait	Subjonctif plus-que-parfait
sim	essem	fuerim	fuissem
sis	esses	fueris	fuisses
sit	esset	fuerit	fuisset
simus	essemus	fuerimus	fuissemus
sitis	essetis	fueritis	fuissetis
sint	essent	fuerint	fuissent

4 Transposez au subjonctif les formes de *esse* ci-dessous, toutes à l'indicatif.

La forme du verbe *être* à l'indicatif...	... se transpose au subjonctif.
a. sumus	
b. eram	
c. fuit	
d. fuerant	
e. fui	
f. eramus	
g. es	
h. erant	
i. fuerunt	
j. fueras	

Le subjonctif à la voix passive

À la voix passive, le subjonctif se forme de la même manière pour les temps de l'**infectum** : même radical, même suffixe, désinences passives. Exemple : **mone + a + tur, moneatur,** *qu'il soit averti.* Pour le parfait et le plus-que-parfait, en revanche, le subjonctif passif se forme avec le participe passé du verbe concerné plus l'auxiliaire *être*, mais attention : l'auxiliaire est au **subjonctif présent** pour exprimer le **parfait** passif, au subjonctif **imparfait** pour le **plus-que-parfait**. Exemples : **amata sim,** *je serais aimée* ; **amatae essent,** *elles auraient été aimées.* Il en résulte, pour nous francophones, une perception décalée : la tentation est grande d'y voir un verbe *être* au présent ou à l'imparfait accompagné d'un adjectif.

5 Transposez toutes les formes de l'exercice 1 page 11 en leur équivalent passif, en conservant personne et temps.

La forme à la voix active...	... donne à la voix passive...
a. amavisset	
b. legerent	
c. capias	
d. audiverimus	
e. moneatis	
f. amarem	
g. cepisses	
h. audires	
i. legant	
j. monuissemus	

Emplois et traduction du subjonctif

En français, le subjonctif a quasiment disparu comme conjugaison vivante, et, dans les faits, ne s'emploie plus qu'au présent ou presque, et presque uniquement dans les subordonnées. Au contraire, en latin, le subjonctif s'emploie à tous les temps et aussi bien dans une proposition principale que dans une subordonnée.

Dans ce chapitre, nous examinerons le subjonctif dans la proposition principale ou indépendante. Son emploi dans la subordonnée sera étudié aux chapitres 3 et 4.

Dans une proposition indépendante, donc, il exprimera :
• la volonté sous tous ses aspects (souhait, ordre, désir, intention, etc.). La négation, dans ce cas, est **ne** ;
• la possibilité sous tous ses aspects (probabilité, vraisemblance, hypothèse, etc.). La négation, dans ce cas, est **non**.

Exemples : **Ne regrediaris urbem!** ➜ *Ne reviens pas à Rome !*
Utinam libros legeres… ➜ *Tu pourrais lire des livres…*
Fabulas tibi non credam ➜ *Je ne peux pas croire tes sornettes.*

Notez bien que dans la traduction des exemples ci-dessus, nous avons rendu la valeur de chaque subjonctif respectivement par un impératif, un conditionnel, un indicatif. Il est inutile et lourd de vouloir chercher des subjonctifs imparfaits ou passés dans vos traductions françaises, cela donne une langue figée et artificielle. Les différentes nuances de volonté ou de potentiel se rendent également très bien par des adverbes ou des locutions : *volontiers, soit, peut-être, supposons que*, etc.

Conséquence importante : les degrés et les nuances diverses de la possibilité **s'expriment avant tout par le temps choisi**, à peu près comme pour notre mode conditionnel. Ainsi :

Une action…	… s'exprime par…	Exemple	Traduction
réalisable (potentiel)	le subjonctif présent **ou** le subjonctif parfait	Istum senatorem stultum fuisse **dixerim**…	Je **dirais volontiers** que ce sénateur est un imbécile…
non réalisée dans le présent (irréel)	le subjonctif imparfait	Utinam pater mihi dives **esset**!	Si seulement mon père **était** riche !
qui ne pouvait se réaliser (irréel du passé)	le subjonctif plus-que-parfait	Tali fornace omnia **coxissem**!	Avec un tel four, **j'aurais pu** tout cuisiner !

6 Traduisez les phrases suivantes en français en vous interdisant le subjonctif.

a. Qualis poeta fueris!

....

b. Aegrane Cornelia tibi uideatur, Caesar?

....

c. Utinam bene cum Spartaco egissemus…

....

d. Eamus!

....

e. A Crasso fugientes servi capti essent.

....

Banque de mots

poeta, ae (m.)	*poète*
qualis, e	*quel*
aeger, gra, grum	*malade*
Cornelia, ae	*Cornelia* (épouse de Jules César)
videor, eris, eri, visus sum	*sembler, paraître /* avec le pronom personnel au datif : *croire*
utinam	*si seulement*
ago, is, ere, egi, actum	*faire*
bene agere cum aliquo	*bien se comporter envers quelqu'un, bien traiter quelqu'un*
Spartacus, i	*Spartacus*
Crassus, i	*Crassus* (général romain qui vainquit Spartacus)
fugio, is, ere, fugi, fugitum	*fuir*
servus, i (m.)	*esclave*

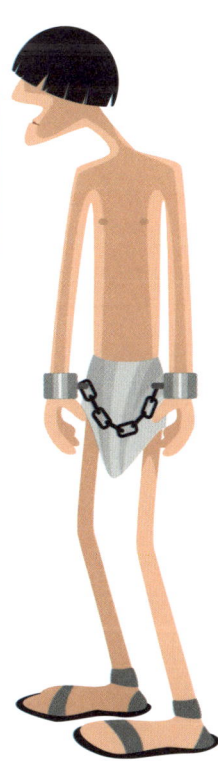

Traduisez maintenant les expressions en gras en rendant toutes les nuances de volonté et de possibilité par un seul verbe au subjonctif en latin. Choisissez bien le temps.

a. *Pline, **tu voulais accompagner** ton oncle au Vésuve ?*

   Ad Vesuvium patruum ...., Plini?

b. *Aujourd'hui, la foule **doit acclamer** le nouvel empereur.*

   Hodie novum Caesarem vulgus ....

c. *Quoi ? À Rome, le pain **serait vendu** plus cher que les jeux ?*

   Quid? Romae maiore pretio ludorum panis ....?

d. *Les deux Cicéron **seraient bien allés faire un tour** au forum.*

   In fora Tullii ....

e. *Gaulois, ne **buvez** pas cette cervoise !*

   Ne istam cervesam ...., Galli!

Banque de mots

comitor, aris, ari, atus sum	*accompagner* (attention, déponent)
acclamo, as, are, avi, atum	*acclamer*
vendo, is, ere, vendidi, venditum	*vendre*
ambulo, as, are, avi, atum	*marcher, se promener, faire un tour*
bibo, is, ere, bibi, potum	*boire*
Tullius, ii	nom de famille (**nomen gentis**) des deux frères Cicéron, Marcus et Quintus

Impératif ou subjonctif ?

Comme vous l'aurez remarqué, le subjonctif sert à exprimer l'ordre et la défense : en effet, l'impératif n'est employé en pratique qu'à la deuxième personne, du pluriel comme du singulier. Pour toutes les autres, on emploie le subjonctif. Qui plus est, pour un ordre négatif (une défense), on préfère en général employer la tournure **ne + subjonctif parfait**, même à la deuxième personne.

8 **Pour chaque phrase française qui suit, dites si on traduirait en latin par un impératif ou un subjonctif.**

(a.) **Entrez** ou (b.) **sortez**, mais (c.) **ne fermez pas** cette porte !

a. .... b. .... c. ....

d. Que Tarquin **craigne** la puissance de la vérité ! ....

e. Que les Romains **ne craignent pas** la puissance des Tarquins ! ....

f. **Ne cuis pas** trop le pain. ....

g. **Allons** aux thermes. ....

Banque de mots

ingredior, eris, ingredi, ingressus sum	*entrer*
exeo, is, ire, exii, exitum	*sortir*
claudo, is, ere, clausi, clausum	*fermer*
fores (f.) (pl. le plus souvent)	*porte*
timeo, es, ere, timui, Ø	*craindre*
potestas, atis (f.)	*puissance*
veritas, atis (f.)	*vérité*
Tarquinius, ii	*Tarquin* (nom des rois étrusques de Rome)
nimius, a, um	*excessif, en excès, trop.* Acc. employé comme adverbe : **nimium**.
thermae, arum (f. pl.)	*thermes*

9 **Traduisez maintenant les cinq phrases de l'exercice précédent.**

a. Entrez ou sortez, mais ne fermez pas cette porte !

....

b. Que Tarquin craigne la puissance de la vérité !

....

c. Que les Romains ne craignent pas la puissance des Tarquins !

....

d. Ne cuis pas trop le pain.

....

e. Allons aux thermes.

....

Bravo, vous êtes venu à bout
du chapitre 2 ! Il est maintenant
temps de comptabiliser les icônes
et de reporter le résultat en
page 128 pour l'évaluation finale.

3
La phrase conditionnelle

La phrase conditionnelle – Généralités

En latin, comme en français, l'expression de l'hypothèse se fait à l'aide de la conjonction si, qui n'est pas à proprement parler un subordonnant : en effet, les deux membres de l'hypothèse (si… alors…) sont étroitement dépendants l'un de l'autre. On préfère parler de protase et d'apodose : **si vis pacem** (protase, « suspension » en grec), **para bellum** (apodose, « retombée »), *si tu veux la paix, tiens-toi prêt au combat*. Ce balancement, fait d'une « suspension » et d'une « retombée », est plus fortement ressenti en latin qu'en français, en raison du parallélisme verbal qui l'accompagne en général.

Dès lors, on distingue deux cas :
- avec l'indicatif, la condition est supposée anticipée ou évidente. **Si rosas edes, in hominem redibis** ➜ *Si tu manges des roses, tu redeviendras humain* (d'après Apulée) ;
- avec le subjonctif, l'hypothèse énoncée est réalisable, potentielle ou irréelle. **Si libros legeres, minus stultus fieres** ➜ *Si tu lisais des livres, tu deviendrais moins idiot*. Consultez le chapitre sur le subjonctif.

Notez bien que dans les deux cas, les temps dans la protase et dans l'apodose sont en théorie strictement parallèles : pour une condition présente, les deux propositions sont au présent ; pour une condition future, les deux verbes sont au futur (comme dans l'exemple ci-dessus) ; pour une condition probable, les deux verbes sont au subjonctif présent, etc. Il y a bien sûr des exceptions et des « ruptures de symétrie », en fonction du sens.

Vous le noterez, ce système est beaucoup plus logique qu'en français, où nous ne distinguons pas la condition présente de la condition future (on ne peut pas dire « si je serai riche »), où nous mélangeons conditionnel présent et imparfait de l'indicatif (si j'étais riche, j'habiterais une villa à Pompéi), et où nous distinguons difficilement potentiel et irréel du présent.

1 Observez les phrases suivantes en français et dites à quel mode et à quel temps serait la phrase latine si on la traduisait.

Si on traduisait la phrase...	... le mode en latin serait...	... et le temps.
Si Agrippine **continue** à intriguer contre Néron, elle en **mourra**.	Indicatif	Futur
a. Si Pline **ne s'était pas approché** du volcan, il **aurait eu** la vie sauve.		
b. Si un mauvais orateur **prend** la parole, personne ne l'**écoute**.		
c. Si Hortensius **répondait** à Cicéron, le procès **n'aurait pas** la même issue.		
d. Si tu t'**enduis** de cet onguent, tu te **transformeras** en âne, Lucius !		

Introduire une phrase conditionnelle

si	*si*
nisi	*si... ne pas*, dans le sens de *à moins que, à défaut de*
si... non	*si... ne pas*
ni	abréviation du précédent
num	*si*, dans l'interrogation indirecte
sive... sive	*si... ou bien si... / soit... soit...*
dum	*pourvu que*
dummodo	*du moment que*
etiamsi	*même si*
ut	*à supposer que*

2 Transformez en une seule phrase conditionnelle chaque couple de phrases indépendantes en trouvant quelle est la nuance de condition exprimée. En français, bien sûr !

a. Homère n'était pas aveugle. Il a très bien pu écrire l'*Iliade* tout seul.

....

b. Ou bien Claude est né à Lyon, ou bien il est né à Arles. Il n'en fut pas moins empereur.

....

c. Tu peux bien aller en litière de Rome à Ostie. Tu seras quand même en retard.

....

d. Les Germains n'ont pas franchi le Rhin. Il y a de l'espoir.

....

3 Dites à présent quel subordonnant de la banque de mots conviendrait le mieux, si vous deviez traduire les phrases de l'exercice 2.

a. ....   c. ....

b. ....   d. ....

4 Voici maintenant les phrases traduites... ou presque ! On vous a laissé les verbes à compléter. N'oubliez pas : bien saisir la nuance exprimée, puis respecter le parallélisme verbal. Pour la quatrième phrase, attention : le sens exige de ne pas respecter le parallélisme. Faites preuve de logique.

Nisi caecus Homerus **1.** ....,

certe Iliadem unus **2.** ....

Sive Lugduni, sive Arelate Claudius **3.** ....,

tamen Caesar **4.** ....

Etiamsi in lectica a Roma ad Ostiam **5.** ....,

in mora **6.** ....

Dummodo Germani non Rhenum **7.** ....,

spes **8.** ....

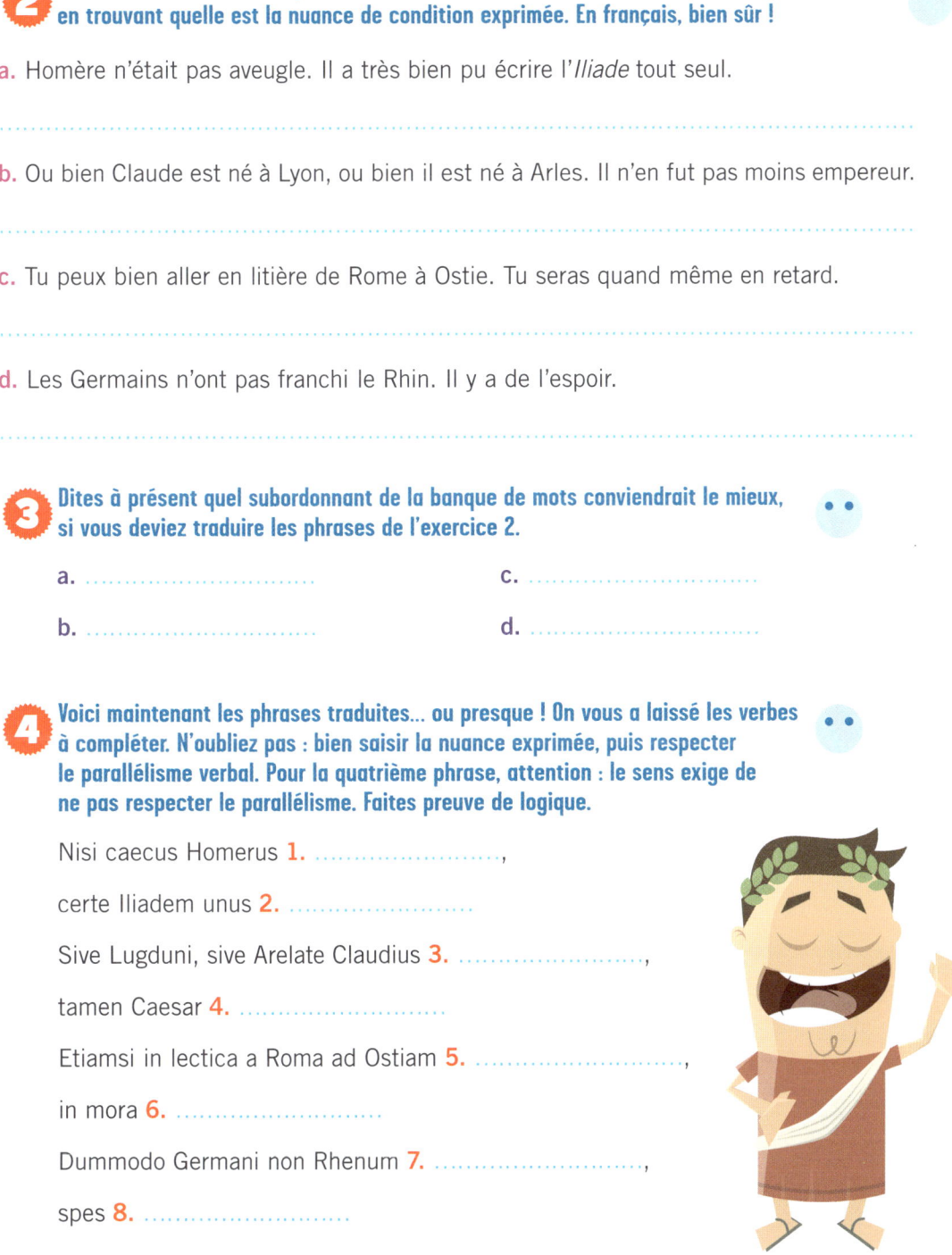

Banque de mots

scribo, is, ere, scripsi, scriptum	*écrire*
nascor, eris, nasci, natus sum	*naître*
eo, is, ire, ii, itum	*aller*
transeo, is, ire, ii, itum	*franchir* (composé de **eo**)

5 Soit la phrase « **Si tu bois cette potion, tu voles comme les oiseaux** » (c'est ce qu'on promet à Lucius dans le roman d'Apulée, *L'Âne d'or*). Traduisez la phrase à l'indicatif présent (condition assurée) puis transposez-la dans les cinq nuances qui restent : condition au futur, condition évidente au passé, potentiel au subjonctif présent, irréel au subjonctif imparfait et irréel passé au subjonctif plus-que-parfait.

a. Si tu bois cette potion, tu voles comme les oiseaux.

....

b. Si tu bois cette potion, tu voleras comme les oiseaux.

....

c. Si tu as bu cette potion, tu as volé comme les oiseaux.

....

d. Si tu buvais cette potion, tu volerais comme les oiseaux (à coup sûr).

....

e. Si tu buvais cette potion, tu volerais comme les oiseaux (peut-être).

....

f. Si tu avais bu cette potion, tu aurais volé comme les oiseaux.

....

Banque de mots

iste, a, ud	*ce, cette*
potio, onis (f.)	*boisson, philtre, potion magique*
avis, is (f.)	*oiseau*
modo, ab. de modus	*manière, à la manière de, comme* (+ G.)
volo, as, are, avi, atum	*voler*
bibo, is, ere, bibi, potum	*boire*

L'indéfini *aliquis* et son abréviation

Le pronom/adjectif indéfini **aliquis, aliqua, aliquid**, *quelqu'un, quelqu'une, quelque chose* s'abrège souvent en **-quis** après **si, nisi, ne, num** et **dum**.

6 Transformez les couples de phrases qui suivent, inspirées des *Lettres à Lucilius* de Sénèque, en propositions conditionnelles, en transposant les formes verbales au subjonctif et en n'oubliant pas d'abréger le pronom indéfini. Exemple : **Aliquem ferit. Poenam dat**
➡ **Si quem feriat**, **poenam det** *(S'il frappait quelqu'un, il serait puni.)*

a. Aliquid te vetat bene vivere; bene mori non vetat.

....

b. Aliquis discere non gaudet: non docere etiam gaudet.

....

c. Alicuius iniuriae viri boni meminerunt: ignoscunt.

....

7 À l'aide de la banque de mots, traduisez maintenant les trois conditionnelles obtenues.

a. ....

b. ....

c. ....

Banque de mots

veto, as, are, vetui, vetitum	*empêcher, interdire*
morior, moreris, mori, mortuus sum	*mourir*
disco, is, ere, didici, discitum	*apprendre*
gaudeo, es, ere, gauisus sum	*se réjouir, se réjouir de faire quelque chose (+ inf.)*
doceo, es, ere, docui, doctum	*enseigner*
iniuria, ae (f.)	*blessure, offense, injure*
bonus vir (m.)	*homme de bien, honnête homme*
memini, meministi, meminisse	*se souvenir de + G.* **Attention :** ce verbe conjugué au parfait a un sens de présent. **Memini** veut dire *je me souviens.*
ignosco, is, ere, ignovi, ignotum	*pardonner*

8 Et maintenant, à vous de jouer ! Soit la célèbre phrase de Blaise Pascal : « Le nez de Cléopâtre, s'il eût été plus court, toute la face de la Terre en aurait été changée. » Traduisez-la en latin en vous aidant de la banque de mots : attention, ne traduisez pas mot à mot, procédez par étapes.

a. le nez de Cléopâtre ....

b. plus court (adjectif au comparatif, attention !) ....

c. eût été (irréel du passé, donc) ....

d. la face de la Terre (intraduisible tel quel) ....

e. aurait été changée (un seul verbe en latin, attention !) ....

Banque de mots

Cleopatra, ae	*Cléopâtre*
nasus, i (m.)	*nez*
brevis, e	*court*
omnis, e	*tout, toute*
forma, ae (f.)	*beauté, apparence, forme*
orbis, is (m.)	*cercle /* **orbis terrae** *ou* **terrarum**, *disque terrestre, globe, monde*
verto, is, ere, verti, versum	*tourner, bouleverser, transformer*

9 Écrivez maintenant la phrase obtenue, en vous souvenant de l'ordre des mots habituel énoncé au chapitre 1.

....
....
....

Bravo, vous êtes venu à bout du chapitre 3 ! Il est maintenant temps de comptabiliser les icônes et de reporter le résultat en page 128 pour l'évaluation finale.

4

La subordonnée au subjonctif
La concordance des temps
Le discours indirect

Les propositions subordonnées

En latin, comme en français, il y a trois types principaux de subordonnées :

- La subordonnée complétive, de fonction COD, est étroitement liée au verbe qui la régit. En latin, elle se sous-divise en proposition infinitive (voir volume *Latin débutants*), proposition introduite par **ut**, par **quod** (en latin tardif **quia**), **cum, quo, ne, quin, quominus**.
  Exemple : **Censebat Nero ut Agrippina mater interficeretur**, *Néron était d'avis d'assassiner sa mère Agrippine.*

- La subordonnée relative (voir volume *Latin débutants*) est introduite par un pronom relatif (**qui, quae, quod**, G. **cuius**), qui s'accorde en genre et en nombre avec son antécédent, et en cas selon sa fonction dans la subordonnée.
  Exemple : **Agrippina <u>quam</u> interficere Nero volebat…**, *Agrippine, <u>que</u> Néron voulait assassiner…*
  Notez que notre pronom relatif est bien également une déclinaison, moins précise puisqu'elle ne note ni le genre ni le nombre de l'antécédent.

- La subordonnée circonstancielle. Nous avons déjà vu la conditionnelle. Restent les propositions finales, consécutives, causales, concessives, temporelles et comparatives.

1 Petit rappel en français. Dans le texte qui suit, relevez toutes les propositions subordonnées et précisez leur nature : complétive, relative, circonstancielle. Dans le dernier cas, précisez de quelle circonstance il s'agit.

« Dès que commença l'éruption du Vésuve qui engloutit Pompéi, Pline l'Ancien voulut se rapprocher du volcan, parce que la curiosité lui importait plus que sa propre sûreté : il demanda à son neveu, Pline le Jeune, s'il voulait l'accompagner, alors même que le jeune homme voyait sa mère s'inquiéter. Comme il se trouvait pris entre deux feux, c'est le cas de le dire, un esclave auquel tous faisaient confiance déclara que le danger lui semblait imminent. »

a. .... est une ....
b. .... est une ....
c. .... est une ....
d. .... est une ....
e. .... est une ....
f. .... est une ....
g. .... est une ....
h. .... est une ....
i. .... est une ....
j. .... est une ....

Le subordonnant *ut*

Ut est un « subordonnant à tout faire ». Le mot **ut** est en partie comparable au *que* français : c'est une sorte de « subordonnant général », qui introduit aussi bien des complétives (c'est sa fonction principale) que des comparatives, des conditionnelles, des exclamatives, des temporelles. Il peut donc tour à tour se traduire par *que, parce que, si, lorsque, comme...* Il fonctionne aussi bien avec l'indicatif qu'avec le subjonctif, et entre en composition avec des adverbes : **adeo... ut** (*tellement... que*), **tamquam... ut** (*tel... que*). Bref, il reste un point d'articulation indispensable, très souple et très employé.

Ut + indicatif exprime :

• la comparaison. **Orbis terrae est ut sapientes dicunt** → *La terre est comme les savants la décrivent* ;

• le temps (avec le parfait le plus souvent). **Ut fanum exstruxit, Veneri dedicavit** → *Quand il eut fait construire le temple, il le consacra à Vénus*. Dans cet emploi, **ut** peut avoir le sens de *dès que*, avec l'adverbe **primum** : **Ut primum fanum exstruxit**, *Dès qu'il eut fait construire le temple...*

- l'explication. **Pistor ut bonus vir erat firme praetori respondit** ➜ *Le boulanger, parce qu'il était honnête homme, répondit fermement au préteur.* Très souvent, le verbe **esse** est sous-entendu : **Pistor, ut bonus vir respondit** ➜ *Le boulanger, en honnête homme, répondit.*

- En tant qu'adverbe, il peut aussi introduire une question ou une exclamation. **Ut valet uxor tibi?** ➜ *Comment va ta femme ?* **Ut agri tusci in reditu sunt!** ➜ *Comme les champs rendent bien en Toscane !*

2 **Traduisez les phrases suivantes en respectant la nuance exprimée par l'emploi de *ut*.**

a. Ut primum Siculi templum dedicaverunt, Poeni destruxerunt.

....

b. Claudius, ut claudus, lapsus est.

....

c. Hodie Hortensii oratio non est ut solet.

....

d. Ut aegrotant isti equi!

....

e. Forma Lutetiae non est ut mihi scripsis.

....

Banque de mots

Siculus, i	*Sicilien*
Poenus, i	*Phénicien*
dedico, as, are, avi, atum	*consacrer, dédier*
destruo, is, ere, destruxi, destructum	*détruire*
Claudius, ii	*Claude* ou *Claudius,* nom de plusieurs personnages romains
claudus, a, um	*boiteux*
labor, laberis, labi, lapsus sum	*glisser, s'affaisser*
aegroto, as, are, Ø, Ø	*être malade*
equus, i (m.)	*cheval*
Lutetia, ae	*Lutèce*
scribo, is, ere, scripsi, scriptum	*écrire*

Ut + subjonctif

Ut + subjonctif exprime :
- la complétive en général, quelle qu'en soit la nuance.
  Livia Caesarem Augustum suadet <u>ut</u> in Cinnam clemens videatur
  → *Livie persuade César Auguste de se montrer clément envers Cinna.*
- le but. **Auctor mentitus est <u>ut</u> ad laudes iuvenis gloriosique principis aliquid sumeret** → *L'auteur mentit <u>pour</u> ajouter quelque chose à la louange de ce prince jeune et glorieux* (d'après Suétone).
- la conséquence. **Statuas virorum inlustrium <u>ita</u> subvertit atque disjecit <u>ut</u> restitui saluis titulis non potuerint** → *Il détruisit et dispersa les statues des grands hommes, <u>de sorte qu'</u>il fut impossible de les reconstituer avec leurs inscriptions complètes* (d'après Suétone).
- la supposition. **Ut desint vires, tamen laudanda est voluntas**
  → *<u>À supposer que</u> les forces manquent, il n'en faut pas moins louer la volonté* (Ovide).

3 **Lisez ce texte en latin, puis observez la traduction des propositions principales. Dites ensuite quelle est la nature de chaque proposition introduite par *ut*.**

Imperator legatos misit apud Arvernos ut foedus icerent. Ut bellatores, Arverni dixerunt ut omnia Romanorum foedera mendacia essent. Ita fuit ira imperatoris ut rem frumentariam omnem incenderet, ut eorum civitatibus cibus deesset.

a. Le général envoya des ambassadeurs auprès des Arvernes ut foedus icerent

....

b. Les Arvernes, ut bellatores, ...

c. déclarèrent ut omnia… ....

d. La colère du général fut ita ut rem frumentariam… ....

e. ut cibus deesset… ....

4 **Complétez la traduction du texte de l'exercice précédent, à l'aide de la banque de mots ci-contre.**

Le général envoya des ambassadeurs auprès des Arvernes

a. .... Les Arvernes,

b. .... déclarèrent

c. .... La colère du général fut telle

d. .... **e.** ....

Banque de mots

foedus, eris (n.)	*traité, alliance*
ico, es, ere, ici, ictum / foedus icere	*frapper / conclure un traité*
bellator, oris (m.)	*belliqueux, guerrier* (nom pris comme adjectif)
mendacium, ii (n.)	*mensonge*
res frumentaria	*ravitaillement, blé*
incendo, is, ere, incendi, incensum	*allumer, brûler*
cibus, i (m.)	*nourriture*
desum (composé de **sum**)	*manquer*

Expressions avec *ut*

On a vu, dans l'exercice 3 ci-contre, l'expression **ita... ut**, *tel... que*. Il existe de nombreuses expressions de ce type, où le premier élément fait partie de la principale, et annonce le **ut** qui suit. Les deux mots sont le plus souvent séparés dans la proposition.

Adverbes avec *ut*

adeo... ut	*à tel point que*	**usque eo... ut**	*jusqu'à ce que*
tam... ut	*assez... pour*	**eodem modo... ut**	*de la même manière que*
tantus... ut	*si grand... que*	comparatif **+ quam + ut**	*plus ceci ou cela que*
ita... ut, sic... ut	*de sorte que, tel que*		

Expressions usuelles avec *ut*

Beaucoup de tournures impersonnelles avec **ut** jouent comme des incises, ou des amorces de phrases, pour l'enchaînement du discours.

ut fit	*comme il arrive parfois, ça arrive*	**convenit ut**	*on est d'accord que*
fit ut, accidit ut, evenit ut	*il arrive que*	**reliquum est ut**	*il reste à, reste que*
est ut	*c'est un fait que*	**tantum abest ut**	*il s'en faut de beaucoup que, on est loin de*
sequitur ut, efficitur ut	*il s'ensuit que*		

5 **Dans les phrases françaises qui suivent, traduisez les expressions en vert par les tournures qui conviennent : une formule impersonnelle et une subordination « adverbe + *ut* ».**

a. **On conviendra que** le Tibre de jadis n'était pas sale **au point d'**obliger les Romains à se boucher le nez.

b. **C'est un fait que** les druides gaulois étaient d'une sagesse **telle qu'**ils méprisaient l'écriture.

c. **Il arrive que** les tavernes de Carthage restent ouvertes **jusqu'à ce que** les réserves de vin soient épuisées.

d. Ce turbot, **ça peut arriver**, est **plus gros que ce qu'**un pêcheur peut espérer prendre.

e. **Il s'en faut de beaucoup que** Néron se comporte avec Agrippine **comme** Agrippine se comportait avec Claude.

a. .... / ....

b. .... / ....

c. .... / ....

d. .... / ....

e. .... / ....

Les emplois de *ne*

Le mot **ne**, en latin, recouvre plusieurs emplois très différents.

- Il est d'abord une simple marque d'interrogation, enclitique (c'est-à-dire « collée » à la fin du premier mot) : **Visne poenam dare?** ➜ *Tu veux être puni ?* Notez bien que puisque le latin n'a pas de signes de ponctuation, le mot interrogatif en tient lieu.

- C'est ensuite un adverbe de négation : **Ne fleveris!** ➜ *Ne pleure pas !*

- C'est enfin une conjonction de subordination qui vaut :

  - comme **négation de ut**, complétive ou finale. Exemples : **Legatis exitis recusavi ne consilium dicerem** ➜ *Après le départ des ambassadeurs, j'ai refusé de donner mon avis.* **Ex Iovis templo ne quis exiret consul imperavit** ➜ *Le consul ordonna que personne ne sorte du temple de Jupiter.* **Farinam pistor molit ne granum humidum fiat** ➜ *Le boulanger moud la farine pour que le grain ne prenne pas l'humidité.*

- comme **substitut de ut**, pour certains verbes exprimant déjà en eux-mêmes une nuance d'interdit, de négation ou de crainte. Exemples : **timeo, metuo, vereor, paveo**, *craindre, avoir peur, s'effrayer de*, **caveo**, *prendre garde que*, **vito**, *éviter de*, **impedio**, *empêcher de*. **Teucri timent ne Danai dona ferant** ➡ *Les Troyens craignent que les Grecs ne leur fassent des cadeaux.* **Luctu impedior ne scribam** ➡ *Le deuil m'empêche d'écrire.*

Attention : la construction **timeo ut** est dès lors... négative, c'est logique ! **Paveo ne hostes veniant** signifie donc : *J'ai peur que les ennemis arrivent.* **Timeo ut socii veniant** ➡ *Je crains que nos alliés ne viennent... pas !*

6 Soit la complétive *ut larvae veniant*, que les fantômes viennent. Traduisez les phrases suivantes en transformant la proposition COD comme il convient, en employant à chaque fois *ne*.

a. Ma mère craint que les fantômes ne viennent.

....

b. Est-ce que les fantômes sont venus ?

....

c. Fantômes, ne venez pas !

....

d. Le fils construit la maison de sorte que les fantômes ne viennent pas.

....

Banque de mots

exstruo, is, ere, struxi, structum	*construire, édifier*
larva, ae (f.)	*fantôme*
filius, ii (m.)	*fils*
mater, tris (f.)	*mère*

7 *Ut* ou *ne* ? Complétez les phrases suivantes par *ut* ou *ne* selon les cas, en vous référant aux leçons précédentes et sans chercher à traduire.

a. Omnis Siciliae civis impediat .... Verres eius bona furetur.

b. Timet imperator .... Allobrogum legati in extremo veniant.

c. Colenda est Ceres .... agri bene colantur.

d. .... rusticus, Tityrus vitabat .... cives ei loquerentur.

e. Teucri, ... dona tuleritis Graecibus!

Banque de mots

furor, aris, ari, furatus sum	*voler, dérober*
bona, orum (n.)	au pluriel, *biens, possessions*
Allobroges, um (m.)	*Allobroges* (peuple gaulois)
in extremo	*au dernier moment, finalement*
colo, is, ere, colui, cultum	*cultiver, rendre un culte*
Ceres, eris (f.)	*Cérès* (et souvent métonymie de moisson)
rusticus, i (n. m. et adj.)	*paysan, rustique, lourdaud*

8 Traduisez maintenant les cinq phrases de l'exercice précédent en vous aidant de la banque de mots.

a. ....

b. ....

c. ....

d. ....

e. ....

Quo, quin, quominus

- Le mot **quo**, au départ ablatif du pronom relatif, a acquis un usage indépendant pour exprimer une subordonnée finale avec le subjonctif. Avec un adjectif ou un adverbe au comparatif, il remplace **ut** : **Pontem simplicem Poeni faciunt quo facilius flumen transeant** ➜ *Les Carthaginois fabriquent un pont rudimentaire pour traverser le fleuve plus facilement.*

- Le mot **quin** (formé de **qui + ne**) introduit quant à lui une complétive après une formulation négative dans la principale : **Non dubito quin flumen transeant** ➜ *Je ne doute pas qu'ils traversent le fleuve.* **Paulum abest quin…** ➜ *On n'est pas loin de…* **Non possum facere quin irascar** ➜ *Je ne peux pas m'empêcher de m'énerver.*

- Le mot **quominus** peut remplacer les deux précédents après certains verbes ou formules exprimant l'empêchement : **Recusamus quominus de his rebus tyrannus doceatur** ➜ *Nous refusons que le tyran soit instruit de ces matières.*

9 Voici deux séries de propositions indépendantes. Lisez-les attentivement puis, comme indiqué par l'exemple, unissez-les avec *ut*, *ne*, *quo* ou *quin* selon les cas, en pensant bien à passer le verbe de la complétive au subjonctif. Dans l'exemple, nous avons donné une traduction ; pour le moment, ne vous souciez pas de traduire les phrases.

Indépendante 1	Indépendante 2	Principale + complétive
Tullia timet, *Tullia craint*	**Quintus maestus est,** *Quintus est affligé*	**Tullia timet ne Quintus maestus sit.** *Tullia craint que Quintus ne soit affligé.*
Vitate	spargitis molam salsam in altaria	a. ....
Plinius Major dubitat	ultra Oceanum quicquid est	b. ....
Plinius Minor veretur	ultra Oceanum quicquam est	c. ....
Pius Aeneas censet	dei nos curant	d. ....
Impia Medea recusat	dei nos curant	e. ....
Pix facta est	naves induuntur	f. ....
Pix facta est	naves citius eunt	g. ....

10 Traduisez maintenant les phrases obtenues.

a. ....

b. ....

c. ....

d. ....

e. ....

f. ....

g. ....

Banque de mots

mola salsa, ae (f.)	*farine rituelle pour le sacrifice*
altarium, i (n.)	*autel (le plus souvent au pluriel)*
spargo, is, ere, sparsi, sparsum	*répandre, disperser*
Oceanus, i (m.)	*fleuve Océan*
quisquam, quaequam, quicquam	*quelqu'un, quelque chose*
quisquis, quaequis, quicquid	*qui ou quoi que ce soit*
curo, as, are, avi, atum	*prendre soin de, veiller sur, soigner*
pix, picis (f.)	*poix*
navis, is (f.)	*bateau*
induo, is, ere, dui, dutum	*recouvrir, enduire, revêtir, envelopper*
citus, a, um	*rapide*

Bravo, vous êtes venu à bout
du chapitre 4 ! Il est maintenant
temps de comptabiliser les icônes
et de reporter le résultat en
page 128 pour l'évaluation finale.

5

Le temps : subordonnée avec *cum*, subordonnées temporelles proprement dites, concordance des temps

L'expression du temps : *cum* subordonnant

Attention : le **cum** subordonnant n'est pas le même mot que **cum**, préposition (*avec* + ab.). C'est une simple homonymie ; le **cum** dont on parle s'orthographie d'ailleurs parfois **quom**.

Une proposition à l'indicatif, introduite par **cum**, indique une temporelle : **Cum in Brittania Agricola venit, tempestas erat** ➜ *Lorsqu'Agricola arriva en Angleterre, il faisait mauvais* (cf. chapitre 6 sur l'expression du temps en latin).

Cum + subjonctif se détache de la temporelle à proprement parler pour apporter diverses nuances. Comme **ut**, il se combine également avec d'autres adverbes pour renforcer à la fois le sens et l'articulation entre principale et subordonnée. **Verres, cum in convivium venisset, si quicquam caelati aspexerat, manus abstinere, iudices, non poterat** ➜ *Lorsque Verrès arrivait dans un banquet, s'il apercevait le moindre objet ciselé, messieurs les juges, il ne pouvait s'empêcher de mettre la main dessus.* Dans cet exemple emprunté à Cicéron, **cum** pourrait aussi se traduire par *chaque fois que* ou *pour peu que.*

Pour résumer, **cum** + subjonctif peut exprimer :

- la simultanéité. **Cum praesentia eius urbicas res egere a liberto Helio admoneretur, (Nero) rescripsit his verbis** ➜ *Comme son affranchi Helius l'avertissait que les affaires romaines réclamaient sa présence, Néron répondit en ces termes (Suétone)* ;

- l'antériorité. **Cum litteras Nero rescripsisset, Helius ad Caesarem venit** ➜ *Alors que Néron avait déjà répondu par lettre, Helius se présenta à l'empereur* ;

- la cause. **Cum gemini essent (…), Palatium Romulus, Remus Aventinum ad inaugurandum templa capiunt** ➜ *Parce qu'ils étaient jumeaux (…), ils choisissent, pour préparer les augures, Romulus le Palatin, Rémus l'Aventin (Tite-Live)* ;

- la concession. **Cum filia eius sit, vero Delia dissimilis matris est** ➜ *Bien qu'elle soit sa fille, Delia ne ressemble vraiment pas à sa mère.*

Remarquez au passage que c'est surtout le temps du subjonctif, comme pour la conditionnelle, qui rend la nuance perceptible.

1 **Traduisez les phrases suivantes, en tenant compte des différentes nuances possibles de *cum*.**

a. Cum leo caperetur, mus rete rosit.

....

b. Cum leo captus esset, mus rete rosit.

....

c. Cum leo capiatur, mus rete non rodit.

....

d. Athenae cum florerent aequis legibus, procax libertas civitatem miscuit. (Phèdre)

....

Banque de mots

leo, leonis (m.)	*lion*
mus, muris (m.)	*rat, souris* (cf. anglais *mouse*)
rete, retis (n.)	*filet*
rodo, is, ere, rosi, rosum	*ronger*
Athenae, arum	*Athènes* (toujours pl.)
floreo, es, ere, ui, ø	*fleurir, s'épanouir*
aequus, a, um	*égal, juste*
lex, legis (f.)	*loi*
procax, procacis	*effronté, excessif*
misceo, es, miscere, miscui, mixtum	*mélanger,* d'où *corrompre*

2 **À vous de jouer : trouvez la nuance exprimée en français, puis traduisez en latin à l'aide de la banque de mots en page de droite.**

a. Comme le secrétaire de Pline n'avait plus de tablettes, il écrivit sur de l'écorce.

....

b. Il a beau y avoir du pain, Marius mange des noix.

....

c. Augustin considérait évidemment Monique comme une sainte, puisqu'elle était sa mère.

....

Banque de mots

scriptor, oris (m.)	*secrétaire*	**puto, as, are, avi, atum**	*considérer*
Plinius, ii	*Pline (**Major**, l'Ancien ; **Minor**, le Jeune)*	**Augustinus, i**	*Augustin*
		Monica, ae	*Monique*
tabula, ae (f.)	*tablette*	**certe**	*évidemment*
liber, bri (m.)	*écorce*	**sanctus, a, um**	*saint*
nux, nucis (f.)	*noix*		
edo, edis ou **es, edere** ou **esse, edi, esum**	*manger*		

Les expressions et tournures avec *cum*

Comme pour **ut**, **cum** se combine avec divers adverbes pour exprimer un certain nombre de nuances. Avec certains verbes comme **audio** ou **video**, on peut même dire qu'il sert à introduire une proposition complétive. Dans le tableau suivant, attention : ne pas confondre la tournure **cum… tum**, subordonnante, avec la locution **cum… tum**, coordonnante. Certes, elles se ressemblent beaucoup !

Tournure	Sens	Exemple	Traduction
Fuit tempus cum / fuit cum	*Il fut un temps où, c'était l'époque où*	**Fuit tempus cum Roma herbosus ager erat.**	*C'était le temps où Rome était un champ d'herbes folles.*
Cum… tum… (subordonnant)	*Au moment où… alors*	**Cum volcanus maxime minabatur, tum Plinius Major ad eum propius accedere voluit.**	*C'est au moment où le volcan se faisait le plus menaçant que Pline l'Ancien voulut s'en approcher.*
Cum… tum (coordonnant)	*Non seulement… mais surtout*	**Cum in multis rebus virtus interest, tum in amicitia.**	*La vertu importe dans beaucoup de domaines, mais surtout dans l'amitié.*
Audire cum / videre cum	*Entendre / voir que ou comment*	**Vidit Memmius cum Lucretius operam daret libro.**	*Memmius a vu que Lucrèce se consacrait à son livre.*
Cum maxime / Nunc cum maxime	*Précisément lorsque, Mais surtout / plus que jamais*	**Circum villas saepe pagi sunt, cum maxime Gallorum.**	*Il y a souvent des bourgs autour des propriétés, surtout chez les Gaulois.*

3 Lisez les phrases françaises suivantes et dites quelle expression avec *cum* conviendrait pour les parties en vert.

a. Les Romains sont avides de jeux, et **plus que jamais quand** c'est l'empereur qui les offre. ....

b. C'est **au moment où** le poisson pourrit que le garum devient bon.

....

c. **Juste au moment où** les jeux finissaient, l'empereur décida de les prolonger d'une semaine. ....

d. La pourriture a ses vertus, **surtout** pour faire le garum. ....

e. **Il était une fois** un poète exilé par Auguste près du Pont-Euxin. ....

4 Traduisez les phrases suivantes en identifiant bien la formule avec *cum*.

a. Cum ignarus iste orator, tum piger est.

....

....

b. Audivistine, fili, cum canes latraverunt?

....

....

c. Cum maximus exibat piscis ex aqua, tum Caesar Domitianus eum vidit.

....

....

d. Septentrionis civitatibus semper desunt leges, cum maxime Germanorum.

....

....

e. Fuit tempus aureus cum bellum homines numquam gererint.

....

....

Banque de mots

piscis, is (m.)	*poisson*	**septentrio, onis**	*nord*
Domitianus, i	*Domitien*	**desum, dees, deesse, defui**	*manquer de* + ab. (composé de **esse**)
exeo, is, ire, ii, itum	*sortir*	**aureus, a, um**	*doré, en or*
ignarus, a, um	*ignorant, ignare*	**numquam**	*jamais*
piger, gra, grum	*paresseux, indolent*	**gero, is, ere, gessi, gestum**	*accomplir, faire, agir*
latro, as, are, avi, atum	*aboyer*	**bellum gerere**	*faire la guerre*

Autres conjonctions temporelles

On a vu que **ut** et **cum** exprimaient un lien temporel ou causal sans notion interne de durée : *quand, puisque*. Pour dire *tant que, jusqu'à ce que, au moment où*, etc., le latin dispose de conjonctions diverses, qui figurent dans la banque de mots ci-dessous. Cette subordination se construit aussi bien avec l'indicatif que le subjonctif, en fonction du sens : disons qu'un fait avéré sera à l'indicatif, et le subjonctif dénotera plutôt une intention ou une éventualité. Au passé, en revanche, le subjonctif l'emporte.

Adverbes et conjonctions de temps

dum	*pendant que* (avec le subjonctif, peut prendre une nuance explicative comme **ut** et **cum**)
donec	*jusqu'à ce que, aussi longtemps que*
quoad	*tant que, aussi longtemps que, jusqu'à ce que*
quousque	*jusqu'à quand, jusqu'au moment où*
quamdiu	*combien de temps, aussi longtemps que*
quando	*quand, à l'époque où*
antequam	*avant que*
priusquam	*avant que*
postquam	*après que*

Attention : les trois derniers peuvent se scinder en deux : **Ante omnia veneunt quam una gleba ematur** ➔ *Ils ont tout vendu avant qu'une seule motte de terre ne soit achetée.* (Cicéron)

5 Traduisez les phrases suivantes, en tenant compte de la nuance exprimée par l'adverbe/conjonction. Certaines de ces phrases sont passées à la postérité, faites-vous plaisir !

a. Ante piscem ederet gulosa feles ista quam is coquatur!

....

b. Ad mensam consistebat canis donec omnes epulae consumerentur.

....

c. Civis quisque pater conscriptus fit postquam officium publicum confecit.

....

d. Quousque tandem abutere, Catilina, patientia nostra?

....

e. Oderint, dum metuant!

....

Deux temps secondaires de l'indicatif

Avant d'aborder la concordance des temps, il est nécessaire d'apprendre deux temps supplémentaires, moins employés mais fréquents dès qu'un récit au passé place les actions les unes par rapport aux autres, ou dès qu'un discours reprend les paroles d'autrui en les situant dans le temps : le plus-que-parfait et le futur antérieur.

Ils se forment tous deux sur le radical du **perfectum**, auquel, à la voix active, on « colle » l'imparfait ou le futur de **esse** :
amav + eram = amaveram, *j'avais aimé*   **cep + erit = ceperit**, *elle aura pris*

À la voix passive, on ajoute les mêmes formes de l'auxiliaire **esse**, mais au participe passé : **amata eram**, *elle avait été aimée* ; **auditi erunt**, *ils auront été entendus*. Attention, comme toujours, à la perception décalée avec le français : *elle était aimée*, imparfait passif, se dit en latin **amabatur**.

6 Traduisez les verbes suivants en français. Attention, on a mélangé les formes au plus-que-parfait et au futur antérieur avec d'autres formes.

a. audivere ....   **f.** amatae estis ....

b. ceperim ....   **g.** legerint ....

c. monuerat ....   **h.** ceperat ....

d. habuistis ....   **i.** captus ero ....

e. amati eramus ....   **j.** audita es ....

7 Dans le discours suivant, réécrit d'après Tite-Live, transposez toutes les formes verbales en vert au plus-que-parfait puis au futur antérieur, en gardant, bien sûr, voix et personne. Pendant les guerres puniques, les alliés des Romains se plaignent de leur sort après dix ans de guerre.

Decimum annum dilectibus stipendisque **exhausti sumus**

1. .... / ...., quotannis ferme clade magna

pugnamus 2. .... / ...., alii in acie

occiduntur 3. .... / ...., alii morbo

absumuntur 4. .... / .... Magis **periit**

5. .... / .... nobis civis qui ab Romano ut miles

lectus est 6. .... / .... quam qui ab Poeno

captus est 7. .... / .... Si veteres milites non

redibunt 8. .... / .... in patriam, cum novi **legantur**

9. .... / ...., brevi nemo **supererit**

10. .... / ....!

Dix ans de mobilisations et de campagnes militaires nous ont épuisés ; chaque année ou presque, nous perdons une grande bataille ; les uns meurent au combat, les autres sont emportés par la maladie. Celui de nos concitoyens qui est enrôlé comme soldat par les Romains finit plus mal que celui qui se fait capturer par les Phéniciens. Si les vétérans ne reviennent pas au pays, alors que les novices sont enrôlés, il ne restera bientôt plus personne !

Banque de mots

exhaurio, is, ire, exhausi, exhaustum	*épuiser*
pugno, as, are, avi, atum	*combattre*
occido, is, ere, occidi, occisum	*tuer*
absumo, is, ere, absumpsi, absumptum	*user complètement, consumer, détruire*
pereo, is, ire, perii, peritum	*franchir, traverser, mourir*
lego, is, ere, legi, lectum	*choisir* (ici *conscrire, enrôler*)
supersum, es, esse, fui	*rester, survivre*

La concordance des temps

Les modes verbaux latins – indicatif, subjonctif et infinitif – présentent la particularité de se déployer sur tous les temps de la conjugaison. Il en résulte un remarquable parallélisme, très complet, qui permet aux auteurs une grande souplesse dans le rapport des temps verbaux de la principale à la subordonnée. C'est ce que les Romains appelaient la **consecutio temporum**, *la concordance des temps*.

Voici d'abord le principe :

Si le temps de la principale est un…	… le temps de la subordonnée pourra être un…	Exemples	Traduction
indicatif présent ou futur	subjonctif présent ou parfait	**1. Poeni duces sciunt quomodo elephantes agant.** **2. Poeni duces sciunt quomodo elephantes egerint.**	*1. Les cornacs phéniciens savent comment les éléphants se comportent.* *2. Les cornacs phéniciens savent comment les éléphants se sont comportés.*
indicatif parfait, imparfait ou plus-que-parfait	subjonctif imparfait ou plus-que-parfait	**3. Poeni duces sciebant quomodo elephantes agerent.** **4. Poeni duces sciebant quomodo elephantes egissent.**	*3. Les cornacs phéniciens savaient comment les éléphants se comportaient.* *4. Les cornacs phéniciens savaient comment les éléphants s'étaient comportés.*

Il y a bien sûr de nombreuses « entorses » à ce principe, dans les textes, en fonction du sens du verbe, de la nature de la subordonnée et de la nuance que veut introduire l'auteur. Néanmoins, ce principe a une logique : l'imparfait et le plus-que-parfait sont en effet des temps relatifs, ils ne se justifient que par rapport à une action au parfait, même sous-entendue. Le présent et le parfait, au contraire, ne dépendent pas d'un autre temps pour énoncer l'action.

8 D'abord, petite révision en français. Lisez les phrases suivantes et transposez-les au passé selon le mécanisme indiqué. Vous constaterez que le temps (et peut-être le mode) de la subordonnée change si on change le temps de la principale.

a. Marius demande à Sylla s'il va continuer longtemps les proscriptions.
   Marius demanda à Sylla ....

b. Domitien déclare : je veux ce turbot !
   Domitien déclara qu'il ....

c. Les historiens se demandent si, puisqu'Ovide a été exilé, il a vu ce
   qu'il n'aurait pas dû voir.
   Les historiens s'étaient demandé si ....

d. Tertullien veut que toutes les chrétiennes se couvrent la tête.
   Tertullien aurait voulu que ....

e. Ovide espère que toutes les Romaines se coifferont avec art.
   Ovide espérait ....

9 Passons maintenant au latin, beaucoup plus rigoureux (le français, vous l'avez constaté, ne tient pas compte des différents temps du passé dans la principale, change de mode pour transposer le futur...). Soit le beau distique d'Ovide, dans le troisième livre de l'*Ars amandi* :

Non sint sine lege capilli:
Admotae formam dantque negantque manus.

Les cheveux réclament des lois :
Les mains appliquées coiffent et décoiffent...

Vous allez d'abord restituer une traduction littérale, en vous aidant de la version plus élégante donnée ci-dessus et de la banque de mots :

....

....

....

Banque de mots

capillus, i (m.)	*cheveu*	forma, ae (f.)	*beauté, apparence, forme*
sine + ab.	*sans*	do, das, dare, dedi, datum	*donner*
lex, legis (f.)	*loi*		
admoveo, es, ere, admovi, admotum	*approcher, s'appliquer à quelque chose*	nego, as, are, avi, atum	*dire que... ne pas ; dire non, refuser, nier*

10 Comme pour les exemples du tableau, vous allez maintenant réécrire cette phrase à partir de la proposition principale *Ovidius feminas rogat ut*, Ovide demande aux femmes que. Vous pouvez simplifier la double négation initiale en écrivant *simplement sint cum lege capilli*. Faites maintenant jouer le mécanisme de concordance comme indiqué dans le tableau page 42.

a. Principale au présent, subordonnée au présent :

....

b. Principale au présent, subordonnée au parfait :

....

c. Principale à l'imparfait, subordonnée à l'imparfait :

....

d. Principale à l'imparfait, subordonnée au plus-que-parfait :

....

Bravo, vous êtes venu à bout du chapitre 5 ! Il est maintenant temps de comptabiliser les icônes et de reporter le résultat en page 128 pour l'évaluation finale.

6

Le temps, suite : vocabulaire et représentation

Le lexique du temps en latin

Nous ne traiterons pas ici le calendrier, qui a été étudié dans le *Cahier d'exercices Débutants* (Assimil).

Le mot **tempus, oris** (n.) recouvre à peu près notre acception du mot *temps* en français, hormis la météorologie. Il vient d'une racine, ***tem-/tom-/tm-**, qui signifie *couper, diviser*, que l'on retrouve dans le mot **templum, i** (n.), *espace délimité par les augures, espace consacré*, d'où *temple*, et dans de nombreux mots français. Ainsi, **tempus** indique plutôt le temps mesurable, dans ses instants et sa discontinuité, d'où les nombreuses expressions lexicalisées que nous verrons plus loin. Les mots pour caractériser le temps comme durée continue et sans rupture sont plutôt **aetas, atis** (f.) et **aevum, i** (n.).

I Complétez ce court dialogue par les mots français issus de la racine **tem-/tom-/tm-* mentionnée dans la leçon.

« Quand tu auras fini de **1.** .... le **2.** VII

de la correspondance de Cicéron, tu viendras goûter de cette délicieuse

3. .... de chèvre ?

– Tu m'interromps de manière **4.** .... mais j'arrive ;

et puis je sais que tes chèvres ont brouté les herbages

du **5.** ...., en mai et juin dernier, qui furent des mois bien

6. .... Ce fromage doit être de la bombe **7.** .... ! »

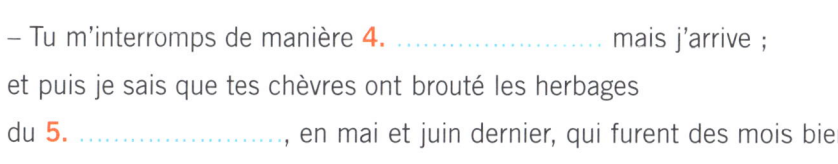

Expressions usuelles avec *tempus*

Ainsi, **tempus** (au singulier) signifie souvent *moment* ou *instant* : **extremum tempus diei**, *la dernière heure du jour* ; **tempora** (au pluriel) voudra dire *les circonstances, la conjoncture, l'époque*. **Consilia temporum sunt**, par exemple, ne voudra surtout pas dire *les conseils demandent du temps*, mais *les décisions dépendent de la conjoncture* !

Expressions avec *tempus*

tempore	*en son temps*	**pro tempore**	*en la circonstance*
in tempore	*au bon moment*	**per tempus**	*à temps*
in tempus	*pour un temps, temporairement*	**temporibus illis**	*en ce temps-là*
ad tempus	*au moment voulu*	**tempus erat cum**	*il était une fois, c'était l'époque où*
ante tempus	*prématurément*	**uno tempore**	*en même temps, du même coup*
ex tempore	*sur-le-champ, tout à coup*		

2 Traduisez le petit texte suivant, truffé d'expressions avec *tempus*. Un peu de concordance des temps ne fera pas de mal ; souvenez-vous également de la déclinaison de l'infinitif, ici *legere*.

Mihi omne tempus erat ad legendum. Sed ante tempus interruptus sum, cum puer quisquam per extremum tempus nuntiaverit hospites ex tempore domum venisse, ac nepotes uno tempore. Tempora legendo non favebant!

....

....

....

....

....

....

Banque de mots

interrumpo, is, ere, rupi, ruptum	*mettre en morceaux, interrompre*	**nuntio, as, are, avi, atum**	*annoncer*
puer, pueri (m.)	*esclave*	**hospes, itis** (m.)	*invité, hôte, étrange.*
quisquam, quaequam, quicquam	*un, une, quelque, un quelconque*	**nepos, nepotis** (m.)	*petit-fils*
extremus, a, um	*dernier, situé à la fin ou au bout, final*	**faueo, es, ere, faui, fautum**	*favoriser, être favorable à* (+ datif)

Le vocabulaire du temps

Les Romains ne pensent pas le temps comme nous, et ne le divisent pas de la même manière, bien entendu : une division par unités mathématiquement égales n'est pas concevable pour eux (les heures, basées sur l'observation des cadrans solaires, varient en durée en fonction de la saison), et ils ne vivent pas à la milliseconde près. La seconde et la minute n'existent pas ; l'instant se dit en général **punctum temporis, punctum horae**, *petit trou de temps*. De plus, on trouve beaucoup de faux amis, par exemple **momentum, i** (n.), lié au verbe **movere**, *bouger*, qui veut dire *impulsion, mouvement, influence*, et presque jamais *moment*, ou au contraire **spatium, ii** (n.), qui signifie souvent *moment* ou *intervalle de temps*.

La journée

hora, ae (f.)	heure
dies, diei (m. ou f.)	jour (au pluriel, toujours m.)
nox, noctis (f.)	nuit
matutinum, i (n.)	matin
matutinus, a, um	matinal
aurora, ae (f.)	aurore
meridies, ei (m.)	midi (cf. italien **pomeriggio, de post meridiem**, *après-midi*)
vesper, eri ou eris (m.)	soir
vesperi (loc. du précédent)	le soir, au soir
vespera, ae (f.)	soirée
heri	hier
hodie	aujourd'hui
cras	demain

Les expressions avec *dies*

postero die	le lendemain
in dies	de jour en jour
in diem vivere	vivre au jour le jour
diem ex die	jour après jour
diem dicere	assigner à comparaître (fixer un jour d'audience)
nocte dieque / noctem diemque	jour et nuit

3 Traduisez ces phrases, inscriptions de cadran solaire ou citations connues, qui traitent toutes du temps qui passe, sauf la dernière, ultra célèbre, où figure un faux ami, attention !

a. Hodie mihi, cras tibi.

....

b. Vulnerant omnes horae, ultima necat, tuam nescis.

....

c. Sed fugit interea, fugit irreparabile tempus. (Virgile, *Géorgiques*)

....

d. Qui nullus hodie cras erit maximus. (Érasme, *Adages*, adage 3088)

....

e. Plus hodie quam heri crasque quam minimum. (Rosemonde Gérard).

....

f. O tempora, o mores! (Cicéron, première *Catilinaire*)

....

Le temps long et les saisons

aetas, atis (f.)	*temps de la vie, âge, époque de la vie, temps* (continu)
aevum, i (n.)	*durée, époque, siècle, temps de la vie*
saeculum, i (n.) (parfois orth. **saeclum** ou **seculum**)	*génération, durée d'une génération humaine, âge, époque, siècle*
aeternitas, atis (f.)	*éternité*
tempestas, atis (f.)	*saison, temps* (au sens météorologique), *mauvais temps, orage*

ver, veris (n.)	*printemps*
aestas, atis (f.)	*été*
autumnus, i (m.)	*automne*
hiems, hiemis (f.)	*hiver*

4 **Traduisez les deux phrases qui suivent. L'une annonce un avenir radieux grâce à Auguste, l'autre demande un instant d'attention à Marc-Antoine.**

a. Hic vir, hic est, Augustus Caesar divi genus, qui aurea condet saecula rursus. (d'après Virgile, *Énéide*, VI)

....

b. Attende paulisper cogitationemque sobrii hominis ad temporis punctum suscipe. (Cicéron, *Philippiques*)

....

Banque de mots

genus, eris (n.)	*fils de, engendré de* (dans ce contexte)
condo, is, ere, condidi, conditum	*fonder, établir*
attendo, is, ere, tendi, tentum	*prêter attention, être attentif*
cogitatio, onis (f.)	*pensée, réflexion, idée*
sobrius, a, um	*sobre, modéré, tempéré*
suscipio, is, ere, suscepi, susceptum (composé de **capio**)	*soutenir, prendre, accueillir*

5 **Vous allez maintenant traduire trois vers de Baudelaire traitant des saisons... Pour vous aider, deux expressions baudelairiennes sont déjà transposées.**

a. *Je verrai les printemps, les étés, les automnes ;
Et quand viendra l'hiver aux neiges monotones...*

....

.... **semper nivea** ....

b. *Adieu, vive clarté de nos étés trop courts !*

..................., **lux** .... **candida!**

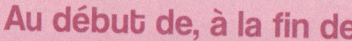

Au début de, à la fin de

Comment traduire *au début de* et *à la fin de* ? En latin, on ne dira pas **initium** + G ou **extremum** + G, mais on emploiera un adjectif épithète. Ainsi, de même que **summa arbor** ne veut pas dire *l'arbre au plus haut* mais *le sommet de l'arbre*, de même, *l'aube* ou *le début de la journée* se diront **prima hora** ou **prima dies**, *la fin de la journée* **extrema dies** ; *au début de la nuit* **prima nocte**. Pensez-y pour l'exercice qui suit !

6 **Traduisez ces deux phrases évoquant des moments de la journée.**

a. Demain, dès l'aube, à l'heure où blanchit la campagne / Je partirai. (V. Hugo)

....

b. Longtemps, je me suis couché de bonne heure. (Proust)

....

Banque de mots

candesco, is, ere, candui, Ø	*blanchir*
rus, ruris (n.)	*campagne* (le plus souvent au pluriel)
proficiscor, eris, i, profectus sum	*partir, s'en aller*
cubo, as, are, cubui, cubitum	*se coucher, coucher*

Adverbes de temps

diu	*longtemps*	**interea**	*entre-temps*
brevi	*brièvement*	**rursus**	*à nouveau*
longe	*longuement*	**iam**	*déjà*
sero	*tard*	**dum**	*encore, pendant ce temps*
paulisper	*un petit instant, un moment*	**nondum**	*pas encore*

7 Passé, présent, futur. Nous allons maintenant nous pencher sur un fragment de la magnifique réflexion de saint Augustin sur le temps, au livre XI des *Confessions*. Pour traduire ce célèbre passage, pensez bien que nous sommes au Vᵉ siècle et que le latin a changé : les mots *tempus*, *praesens*, *futurum*, etc., ont quasiment le sens qu'ils ont dans les langues romanes.

a. Quid est ergo tempus?

....

b. Si nemo ex me quaerat, scio; si quaerenti explicare velim, nescio.

....

c. Fidenter tamen dico scire me quod, si nihil praeteriret, non esset praeteritum tempus, et si nihil adveniret, non esset futurum tempus, et si nihil esset, non esset praesens tempus.

....

d. Duo ergo illa tempora, praeteritum et futurum, quomodo sunt, quando et praeteritum iam non est et futurum nondum est?

....

e. Praesens autem, si semper esset praesens, nec in praeteritum transiret, non iam esset tempus, sed aeternitas.

....

Banque de mots

quaero, is, ere, quaesivi, quaesitum	*chercher, chercher à savoir, demander*
explico, as, are, avi, atum	*déplier, débrouiller, développer*
fidenter	*assurément, fermement*
praetereo, is, ire, ii, itum	*passer*

praeteritum, i (n.)	*passé*
praesens, entis (n.)	*présent*
futurum, i (n.)	*futur*

Bravo, vous êtes venu à bout du chapitre 6 ! Il est maintenant temps de comptabiliser les icônes et de reporter le résultat en page 128 pour l'évaluation finale.

51

L'espace

Le locatif

On trouve en latin classique les traces d'un cas plus ancien, le locatif, indiquant le lieu où l'on est, preuve de l'importance de cette notion comme catégorie de la langue. Il est en **-e** pour la première déclinaison et en **-i** pour la deuxième déclinaison, et pour quelques survivances de troisième déclinaison : **Romae**, *à Rome*, **Lugduni**, *à Lyon*, **ruri**, *aux champs*. Le locatif s'emploie, dans la plupart des textes que vous lirez, pour les noms de ville et dans quelques expressions figées, toujours au singulier. Pour le reste, et au pluriel, il s'est totalement confondu avec l'ablatif. Par conséquent, lorsqu'un nom de ville est accompagné d'un adjectif ou se décline au pluriel, on passe à l'ablatif avec ou sans **in** : on dira donc **Romae**, *à Rome*, mais **(in) aeterna Roma**, *dans la Rome éternelle*, ou au pluriel **Athenis**, *à Athènes*.

Mots et expressions au locatif

humi ou **terrae**	*à terre*		
ruri	*à la campagne*	**domi militiaeque**	*en paix comme en guerre*, ou *dans les affaires civiles et militaires*
domi	*à la maison*		
militiae	*en guerre*		

Traduisez les phrases suivantes en choisissant bien entre locatif et ablatif. N'oubliez pas de traduire le on français par une tournure impersonnelle ou par un nous.

a. Lucius est actuellement à Carthage, mais il habite Marseille.

....

b. À la campagne, on a froid, mais à la maison, on a chaud.

....

c. Dans la campagne toscane, nous avons chaud, mais on trouve des fontaines dans les maisons.

....

d. Les consuls, dans la Rome républicaine, dirigeaient les affaires civiles et militaires.

....

Banque de mots

habito, as, are, avi, atum	*habiter*
Carthago, inis (f.)	*Carthage*
Massilia, ae (f.)	*Marseille*
frigeo, es, ere, Ø, Ø	*avoir* ou *être froid*
caleo, es, ere, ui, calitirus	*avoir* ou *être chaud, brûler*
fons, fontis (f.)	*source, fontaine*
res publica, rei publicae	*État, affaires de l'État, politique, république*
impero, as, are, avi, atum	*commander, diriger*

Le complément de lieu

Les deux cas qui caractérisent le complément de lieu en latin sont donc, hormis le locatif, l'accusatif ou l'ablatif, soit directement sans préposition, soit avec. L'ablatif marquera le lieu d'où l'on part, et le lieu où l'on se trouve ; l'accusatif plutôt le lieu vers lequel on se dirige, ou que l'on traverse, ainsi que la mesure de l'étendue.

Exemples :
In hostium castra legionem ducebat tribunus 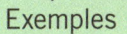 *Le tribun conduisait sa légion vers le camp ennemi.*
In castris exhausti veterani requiescebant → *Les vétérans épuisés se reposaient dans le camp.*

Le complément de lieu sans préposition est plutôt réservé aux noms de ville, à l'évaluation des distances et des dimensions, et à certaines expressions figées.
Exemples :
Ambrosius Mediolanum ibat → *Ambroise allait à Milan.*
Septingenta milia elephantes ambulavere → *Les éléphants parcoururent sept cent mille pas.*
Obsonatu redeo → *Je reviens des courses.*

2 Traduisez les compléments de lieu en choisissant entre accusatif ou ablatif. Aucune préposition n'est nécessaire.

a. Vas-tu à Rome pour assister au triomphe de César ? Isne .... ut Iulii triumphum videas?

b. Les légions sortirent du camp et entrèrent dans Lutèce. .... egressae sunt legiones et .... inierunt.

c. Lucius revient de Carthage et se rend à Marseille. .... Lucius redit atque .... it.

d. Hannibal traversa toute l'Espagne avec ses éléphants. .... Hannibal transiit cum elephantibus.

Les prépositions marquant l'espace

Bien sûr, le système sans préposition n'est pas assez nuancé ; c'est pourquoi, la plupart du temps, on emploiera une préposition pour préciser. Exemples :
E navibus mures exeunt ➜ *Les rats sortent du navire.*
In horto disputantes philosophi ambulant ➜ *Les philosophes se promènent dans le jardin pendant leur conversation.*

Pour toutes les valeurs des prépositions en latin, référez-vous au *Cahier d'exercices Latin débutants*, chapitre 6. Ne seront rappelées ici que les prépositions indiquant un sens spatial.

Prépositions avec l'accusatif seul

ad	*vers, près de, jusqu'à*	**ob**	*en face de*
adversus	*face à, contre*	**per**	*à travers*
ante	*devant*	**pone**	*derrière*
apud	*auprès de, devant, chez*	**post**	*derrière*
circa/circum	*autour de*	**praeter**	*devant, contre*
citra	*en deçà de*	**prope/propius, proxime**	*près de, plus près, tout près*
extra	*en dehors de*		
infra	*en bas de, au-dessous de*	**propter**	*à côté de*
		supra	*au-dessus de*
inter	*entre, parmi*	**trans**	*au-delà de*
intra	*à l'intérieur de*	**ultra**	*par-delà*
iuxta	*à côté de*	**usque ad**	*jusqu'à*

Prépositions avec l'ablatif seul

a/ab	en partant de, à partir de
de	de (point de départ, origine)
e/ex	en sortant de, de (avec mouvement)
prae	devant
pro	devant, du haut de

Prépositions avec l'un ou l'autre

in + acc.	dans (avec mouvement), vers, contre
in + ab.	dans (statique)
sub + acc.	sous (avec mouvement), tout près de
sub + ab.	sous, au pied de
super + acc.	au-dessus de, par-dessus
super + ab.	sur (idée de poser)

3 **Complétez les phrases avec la bonne préposition. Comme elles ne sont pas traduites, faites preuve d'intuition et laissez-vous guider par le cas.**

a. .... montes aquilae volant.

b. .... Massilia .... Arelate quinquaginta millia passuum ambulavimus.

c. .... thermopolio sane ebrius proiectus est Eumolpus, ac noctem .... fores egit.

d. .... foris tribunus plebis stabat cum ex tempore hostis maximus eius .... rostra ascendit.

e. Non .... equum eas, sed semper ....

f. .... focum sedere pueri, cum gelida nox esset.

4 Traduisez maintenant les six phrases de l'exercice précédent à l'aide de la banque de mots.

a. ....

b. ....

c. ....

d. ....

e. ....

f. ....

Banque de mots

mons, montis (f.)	*montagne*
aquila, ae (f.)	*aigle*
Arelate (n., inv.)	*Arles*
quinquaginta (inv.)	*cinquante (L)*
millia passuum	mot à mot *milliers de pas, mille*
thermopolium, ii (n.)	*bar, bistrot*
ebrius, a, um	*saoul*
Eumolpus, i	*Eumolpe,* personnage du *Satyricon* de Pétrone
sane (adv.)	*vraiment, passablement*

proiicio, is, ere, ieci, iectum	*jeter, expulser, projeter*
forum, i (n.)	*place publique, forum (le plus souvent au pluriel,* **fora***)*
rostra, arum (n. pl.)	*tribune*
ascendo, is, ere, ascendi, ascensum	*monter*
focus, i (m.)	*foyer*
sedeo, es, ere, sedi, sessum	*s'asseoir*
gelidus, a, um	*glacé, gelé*

Les verbes de mouvement

Les prépositions que l'on vient de voir servent également de préverbes, permettant de construire un grand nombre de verbes composés qui exprimeront à eux seuls le mouvement considéré, ce qui bien souvent permet de ne pas faire double emploi avec la préposition. Mais attention, très souvent également, le cas du complément ne correspond pas à ce qu'on attendrait du préverbe, et on rajoute souvent une autre préposition ! Par exemple, à partir de **gradior**, *marcher*, on forme **egredior**, *sortir* (**ex** + **gradior**), dont le complément à l'ablatif peut être introduit par... **ab** : **A Drusillae domo egredior** ➜ *Je sors de chez Drusilla.*

Comme il est bien sûr impossible de recenser tous les verbes de mouvement, nous vous proposons de partir de quatre verbes simples : **ire, venire, gradi** et **iacere**, pour observer leurs différents composés. Pour la conjugaison de **eo**, référez-vous au *Cahier d'exercices Latin débutants*, chapitre 9. Attention aux transformations phonétiques : l'infinitif **gradi** devient **-gredi** en composition, le participe passé **jactus** devient **-jectus**.

	eo, is, ire, ii ou **ivi, itum,** *aller*	**venio, is, ire, veni, ventum,** *venir*	**gradior, eris, gradi, gressus sum,** *marcher, avancer*	**iacio, is, ere, ieci, iactum,** *jeter, lancer*
ad	**adire,** *aller vers* (int. avec **in** ou **ad**), *aborder, visiter* (tr.)	**advenire,** *arriver*	**adgredi,** *aller vers, approcher* (int.), *attaquer* (tr.)	**adjicere,** *jeter vers, ajouter à*
ex	**exire,** *sortir*	**evenire,** *arriver* (au sens impersonnel), *se réaliser, se produire*	**egredi,** *sortir, franchir, dépasser*	**ejicere,** *chasser* (avec **de** + abl.)
ab	**abire,** *s'éloigner*	ø	ø	**abjicere,** *abandonner, rejeter, abattre*
pro	**prodire,** *s'avancer*	**provenire,** *s'avancer, produire, naître*	**progredi,** *avancer, s'avancer*	**projicere,** *jeter en avant, expulser, abandonner*
trans	**transire,** *traverser*	ø	**transgredi,** *traverser, franchir*	**trajicere,** *faire passer, faire traverser, traverser*
prae	**praeterire,** *passer*	**praevenire,** *devancer*	**praegredire,** *précéder, devancer*	**praejacere** (rare), *jeter en avant*
in	**inire,** *entrer*	**invenire,** *trouver, rencontrer, acquérir*	**ingredi,** *entrer, s'avancer, aborder*	**injicere,** *jeter dans, inspirer, susciter*
sub	**subire,** *passer sous, s'approcher*	**subvenire,** *survenir, secourir*	**suggredi,** *s'avancer subrepticement, monter à l'assaut*	**subjicere,** *placer dessous, soumettre, assujettir*
cum	**coire,** *s'unir, se joindre, se rejoindre*	**convenire,** *se rassembler, convenir, s'accorder*	**congredi,** *rencontrer qqn, combattre*	**conjicere,** *jeter ensemble, jeter en tas, pousser*

5 Comme vous l'aurez sans doute remarqué, beaucoup de mots dans nos langues actuelles viennent de ces verbes. Retrouvez l'étymologie des mots **en rose** ci-dessous, en indiquant simplement l'infinitif du verbe latin correspondant.

a. Le temps du passé en anglais est le **prétérit**.

....

b. En italien, *entrée* se dit **ingresso**.

....

c. Au passif, le **sujet subit** l'action.

.... / ....

d. À l'**avenir**, plus d'**agressions** !

.... / ....

e. Ce **congrès** est un **événement**.

.... / ....

f. La **convention** a abouti à des **progrès**.

.... / ....

g. Le **trajet** d'un artiste est fait de **transgressions**.

.... / ....

h. L'**adjectif** « **abject** » décrit bien l'attitude de ce type.

.... / ....

6 Dans les phrases françaises qui suivent, remplacez le verbe en **violet** par le verbe latin qui vous semble le mieux correspondre. Bien sûr, n'oubliez pas de le conjuguer !
Exemple : Ils pénétrèrent dans le temple avec crainte ➜ *ingressi sunt*

a. Les taupes **sont passées sous** le champ.

....

b. La cavalerie **progressera devant** l'infanterie pendant l'assaut.

....

c. Les fidèles de Mithra **sont expulsés** de la ville.

....

d. Dis, quand **reviendras-tu ?** (Barbara)

....

e. Partisans de Remus, **rassemblez-vous** sur l'Aventin !

....

f. Il **est arrivé** quelque chose pendant que **je traversais** le forum ?

.... / ....

g. Vous pouvez **partir**, nous nous **retrouverons**, Germains !

.... / ....

h. Cet idiot de chien **s'est jeté** sous les roues de mon char qui **démarrait** !

.... / ....

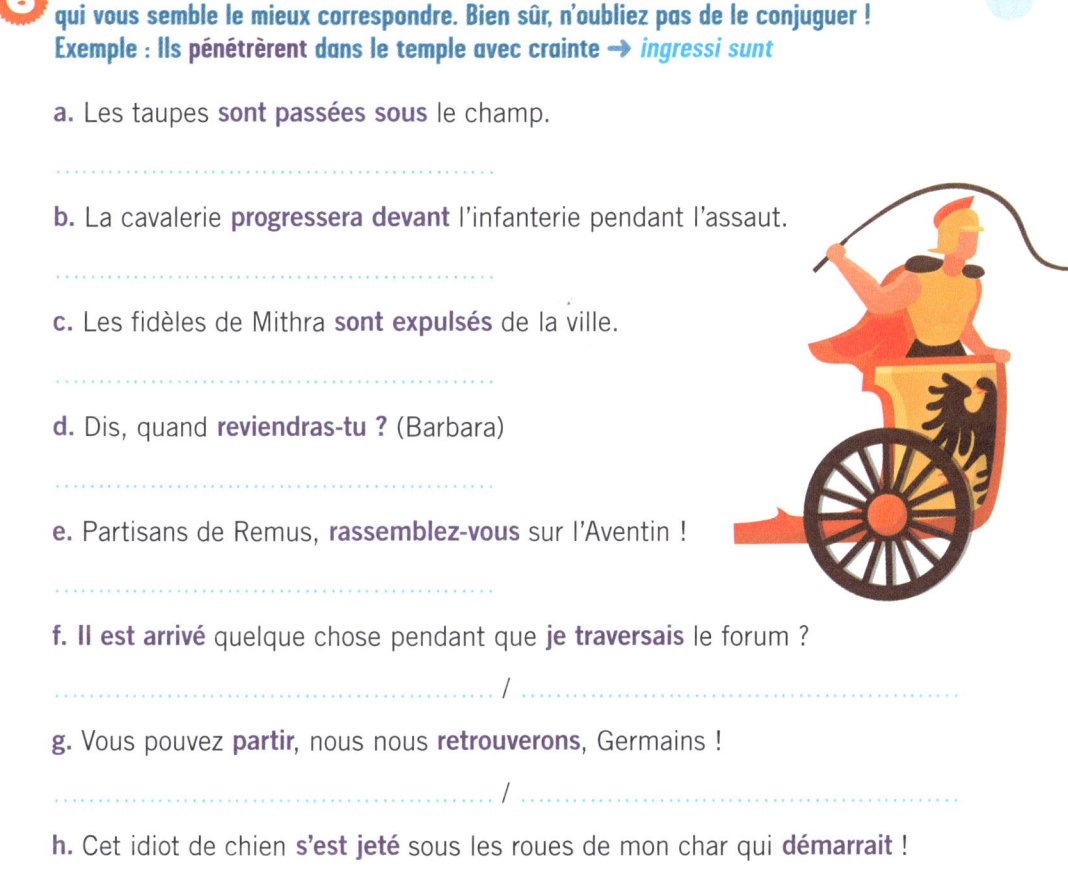

ubi / quo / unde / qua

On répartit habituellement les compléments de lieu, ainsi que les adverbes qui s'y rattachent, en quatre questions.

- **Ubi** demande le lieu où l'on se trouve (*où ?*). **Ubi habitas, Galle? – In Narbone.**
  ➜ *Où habites-tu, Gaulois ? – À Narbonne.*

- **Quo** demande le lieu où l'on va, vers où l'on se dirige (*où ?*). **Quo vadis, domine? – In thermas.** ➜ *Où allez-vous, maître ? – Aux bains.*

- **Unde** demande d'où l'on vient, désigne l'origine, le point de départ (*d'où ?*). **Unde veniunt flumina? – E montibus.** ➜ *D'où viennent les fleuves ? – Des montagnes.*

- **Qua** demande par quel lieu on passe (*par où ?*). **Qua ingressi estis? – Per fores.**
  ➜ *Par où êtes-vous entrés ? – Par la porte.*

7 Transformez en question les phrases suivantes, en trouvant le bon adverbe interrogatif.
Exemple : Domo egreditur servus ➜ *Unde servus egreditur?*

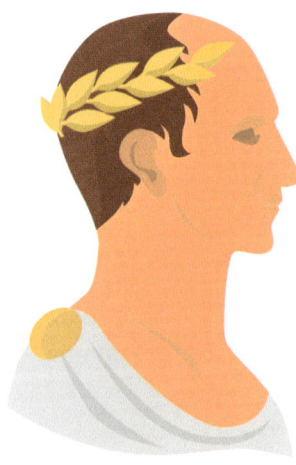

a. In exilium ejectus Milo in Massilia habitavit.

➜ .... ?

b. Vero ab Alpibus elephantes isti descendunt!

➜ .... ?

c. Transiere mures per pistrinum.

➜ .... ?

d. Trimalchio hospitesque omnes in triclinium congressi sunt.

➜ .... ?

e. In Tibure Hadrianus Caesar requiescebat.

➜ .... ?

f. In Tiburis villam suam Hadrianus Caesar advenit.

➜ .... ?

8 Traduisez maintenant les phrases affirmatives de l'exercice précédent.

a. ....

b. ....

c. ....

d. ....

e. ....

f. ....

Banque de mots

exilium, ii (n.)	*exil*
in exilium ejicere / expellere / exigere	*envoyer en exil, bannir*
Milo, Milonis	*Milon*
vero (inv.)	*vraiment*
Alpes, ium (f.)	*les Alpes*
pistrinum, i (n.)	*moulin* ou *boulangerie*

Trimalchio, onis	*Trimalcion* (personnage d'affranchi dans le *Satyricon* de Pétrone)
hospes, itis (m.)	*hôte* (dans les deux sens), *invité*
Tibur, Tiburis	*Tivoli* (résidence de l'empereur Hadrien)

9 Récapitulation. Vous allez maintenant traduire ce court passage du début de *La Guerre des Gaules*, où les Helvètes cherchent à sortir de chez eux. Deux chemins possibles (phrases 1 à 4) : les Helvètes choisissent le plus facile, mais qui passe par le pays des Allobroges (phrases 5 à 7), intégrés à la province romaine de Gaule transalpine, ce qui entraînera la réaction que l'on sait de la part de Jules (phrase 8), sans qui vous ne feriez pas ces exercices. Aidez-vous de la banque de mots en page 62, et portez attention aux nombreux verbes de mouvement, aux prépositions et aux mentions de lieu !

1. Erant omnino itinera duo quibus itineribus domo exire (Helvetii) possent: **2.** unum per Sequanos, angustum et difficile, inter montem Iuram et flumen Rhodanum, vix qua singuli carri ducerentur; **3.** mons autem altissimus impendebat, ut facile perpauci prohibere possent; **4.** alterum per provinciam nostram, multo facilius atque expeditius, propterea quod inter fines Helvetiorum et Allobrogum, qui nuper pacati erant, Rhodanus fluit isque non nullis locis vado transitur. **5.** Extremum oppidum Allobrogum est proximumque Helvetiorum finibus: Genava. **6.** Ex eo oppido pons ad Helvetios pertinet. (...) **7.** Omnibus rebus ad profectionem comparatis diem dicunt, qua die ad ripam Rhodani omnes conveniant. (...). **8.** Caesari, cum id nuntiatum esset: eos per provinciam nostram iter facere conari, maturat ab urbe proficisci et quam maximis potest itineribus in Galliam ulteriorem contendit et ad Genavam pervenit.

1. ....
   ....

2. ....
   ....

3. ....
   ....

4. ....
   ....

5. ....
   ....

6. ....
   ....

7. ....
   ....

8. ....
   ....

Banque de mots

Helvetii, orum (m.)	*les Helvètes*
Sequani, orum (m.)	*les Séquanes*
Iura, ae (f.)	*le Jura*
Rhodanus, i (m.) ou **Rhodanum, i** (n.)	*le Rhône*

Allobroges, um (m.)	*les Allobroges*
Genava, ae (f.)	*Genève*
Gallia ulterior (f.)	*Gaule transalpine, province romaine dirigée par César*

Banque de mots

omnino (adv.)	*en tout*
iter, itineris (n.)	*chemin, route, trajet*
iter facere	*voyager, faire route*
angustus, a, um	*étroit*
vix	*à peine, difficilement*
carrus, i (m.)	*chariot*
singuli, ae, a (toujours pl.)	*un par un*
duco, is, ere, duxi, ductum	*conduire*
altus, a, um	*profond/élevé*
impendeo, es, ere, Ø, Ø	*surplomber, menacer*
perpauci, ae, a (toujours pl.)	*très peu nombreux (désigne ici une petite troupe)*
expeditus, a, um	*dégagé, aisé*
provincia, ae (f.)	*province romaine (ici, la Gaule transalpine)*

propterea quod	*parce que*
finis, is (f.)	*limite, frontière*
nuper	*récemment*
paco, as, are, avi, atum	*pacifier, faire la paix*
vadum, i (n.)	*gué*
oppidum, i (n.)	*citadelle fortifiée, place forte*
profectio, onis (f.)	*départ*
conor, aris, ari, atus sum	*commencer, entreprendre*
maturo, as, are, avi, atum	*accélérer, hâter, se hâter*
contendo, is, ere, contendi, contentum	*chercher à atteindre, atteindre*

Bravo, vous êtes venu à bout du chapitre 7 ! Il est maintenant temps de comptabiliser les icônes et de reporter le résultat en page 128 pour l'évaluation finale.

L'espace, suite. *Domus, urbs, orbis*

L'espace romain

On peut essayer de comprendre l'espace romain en traçant une série d'oppositions : sacré et profane, public et privé, urbain et rural. Ces trois couples de notions interfèrent, bien sûr. Ainsi, l'**ager publicus** est l'expression qui délimite le « domaine public » des terres italiennes qui appartenaient à l'État et qui pouvaient être distribuées. Le **pomerium**, autre exemple, encadre religieusement l'espace d'une ville. Dans ce chapitre, nous vous proposons d'aborder l'expression de l'espace en latin selon trois dimensions progressives : **domus**, l'espace privé et restreint ; **urbs**, l'espace public et urbain ; **orbis**, l'espace impérial et cosmique.

L'espace domestique : la *domus*

Le Romain libre (et aisé) dispose de deux types de propriété : **domus, us**, *la maison* (en ville) et **villa, ae**, *le domaine rural, la maison de campagne* (de la taille d'un ranch américain pour les plus riches, avec champs et dépendances). Les Romains libres, urbains et pauvres, s'entassent dans une **insula, ae**, *l'immeuble, le pâté de maison.*

La *domus*

taberna, ae (f.)	*boutique louée ouvrant sur la rue*	**culina, ae** (f.)	*cuisine*
cubiculum, i (n.)	*chambre à coucher*	**focus, i** (m.)	*feu de cuisson, foyer,* d'où *maison en général*
atrium, i (n.)	*cour semi-fermée centrale*		
vestibulum, i (n.)	*entrée* (donnant sur l'**atrium**)	**postica, ae** (f.)	*entrée de service*
impluvium, i (n.)	*bassin central* de l'**atrium** (recueillant l'eau de pluie)	**ala, ae** (f.)	*pièce d'angle, derrière l'***atrium**
		hortus, i (m.)	*jardin*
compluvium, i (n.)	*ouverture du toit* au-dessus de l'**impluvium**, plus tard confondu avec ce dernier	**piscina, ae** (f.)	*bassin d'agrément, bassin à poissons* (jamais piscine !)
tablinum, i (n.)	*bureau, cabinet* (où le maître de maison travaille et reçoit, derrière l'**atrium**)	**exedra, ae** (f.)	*grande salle*
triclinium, i (n.)	*salle à manger* (où les lits occupent trois murs sur quatre)	**fauces, ium** (f. pl.)	*couloir, dégagement*

1 Le jeune archéologue Joannes Paulus Demitulus s'est vu confier la mission de retrouver la destination de chacune des pièces d'une *domus* récemment exhumée, mais ce n'est pas un princeps en latin. Aidez-le en mettant les noms des pièces listées dans la banque de mots en page précédente aux bons endroits.

1. ....

2. ....

3. ....

4. ....

5. ....

6. ....

7. ....

8. ....

9. ....

2 Conseils de construction. Dans ce passage du *De architectura*, Vitruve donne les bonnes proportions pour chaque pièce de la maison. Malheureusement, le manuscrit a été abîmé : retrouvez le mot qui convient à partir de la traduction française, en le mettant bien sûr au bon cas.

La hauteur du cabinet d'étude, jusqu'au-dessous des poutres, doit être égale à sa largeur, plus une huitième partie. La profondeur du plafond ajoutera à cette hauteur la sixième partie de la largeur. Les couloirs vers les cours secondaires seront des deux tiers de la largeur du cabinet d'étude, et celle des plus grandes de la moitié de cette largeur. La hauteur des images, ornements compris, sera proportionnée à la largeur des pièces latérales. Pour la hauteur des portes, on suivra les proportions doriques, si elles doivent être doriques, et les proportions ioniques, si elles doivent être ioniques. (...) L'ouverture du compluvium ne peut avoir ni moins du quart, ni plus du tiers de la largeur de l'atrium ; quant à sa longueur, elle sera proportionnée à celle de l'atrium.

Altitudo **1.** .... ad trabem adiecta latitudinis octava constituatur. Lacunaria eius sexta latitudinis ad altitudinem adiecta extollantur. **2.** .... minoribus **3.** .... e **4.** .... latitudine dempta tertia, maioribus dimidia, constituantur. Imagines item alte cum suis ornamentis ad latitudinem **5.** .... sint constitutae. **6.** .... ad altitudinem, si Dorica erunt, uti Dorica, si Ionica erunt, uti Ionica perficiantur, (...) **7.** .... lumen latum latitudinis **8.** .... ne minus quarta, ne plus tertia parte relinquatur; longitudo uti **9.** .... pro rata parte fiat.

3 Le grand humaniste Érasme, au sein de ses innombrables *Adages*, a recensé un certain nombre d'expressions proverbiales contenant le mot *domus*, qui signifie très généralement *chez soi* (donc à domicile, dans son pays, sur ses terres, mais aussi dans son esprit, dans son confort, ses habitudes, etc.). En voici quelques-unes avec leur sens figuré. Restituez leur sens littéral. Attention aux nombreux locatifs !

a. Domi conjecturam facere : *savoir d'expérience* ....

b. Domi manendum : *on est bien chez soi* ....

c. Domi non hic Milesia : *respecter les coutumes de ses hôtes* ....

d. Domum cum facis ne reliquas impolitam :

toujours finir ce qu'on a commencé ....

e. Grata domus, domus optima : *home sweet home!* ....

f. Domi pugnans more galli : *courageux en temps de paix* ....

g. Domi id habere : *avoir ça sous la main* ....

h. Id quidem domi est : *ce n'est pas ça qui manque* ....

4 Les travaux, on sait quand ça commence... Cicéron écrit à son frère Quintus : il est passé surveiller les travaux dans la *villa urbana*, la villa d'agrément, que son cher frère fait construire à Arcanum, petit village près d'Arpinum, leur ville natale. Comme vous le constaterez, les retards sur un chantier ne sont pas propres à notre temps... et surtout, le traducteur s'est montré aussi distrait que les ouvriers : il a laissé sa traduction en chantier ! Complétez-la en faisant bien tenir l'ensemble. Et notez bien qu'un Romain écrit toujours une lettre en se plaçant imaginairement dans le temps de sa réception : tout y est donc écrit au parfait ou au plus-que-parfait, alors que nous, nous rendons compte d'une visite de chantier au présent.

In Maniliano offendi Diphilum Diphilo tardiorem; **(a.) sed tamen nihil ei restabat praeter balnearia et ambulationem et aviarium.**

À la villa Manilienne, je suis tombé sur Diphilus, qui se surpasse en lenteur ;

a. ....

....

(b.) Villa mihi valde placuit, propterea quod summam dignitatem pavimentata porticus habebat, quod mihi nunc denique apparuit, posteaquam et ipsa tota patet et columnae politae sunt. Totum in eo est—quod mihi erit curae—, tectorium ut concinnum sit.

b. ....

....

....

ce que je n'ai vraiment vu qu'aujourd'hui, après qu'on l'a entièrement découvert et qu'on en a achevé les colonnes. Il ne reste plus que le stuc à bien polir, et j'y veillerai.

(c.) **Pavimenta recte fieri videbantur; cameras quasdam non probavi mutarique iussi.**

c. ....
....
....

(d.) **Quo loco in porticu te scribere aiunt ut atriolum fiat, mihi, ut est, magis placebat;**

d. ....
....
....

neque enim satis loci videbatur esse atriolo, neque fere solet nisi in iis aedificiis fieri, in quibus est atrium maius, nec habere poterat adiuncta cubicula et eiusmodi membra: nunc hoc vel honestatem testudinis vel valde boni aestivum locum obtinebit; tu tamen si aliter sentis, rescribe quam primum.

En effet, il n'y a pas assez de place pour un petit atrium, ensuite, d'habitude, on ne fait pas ça dans ce genre d'édifice, où il y a déjà un grand atrium, et où on ne pourrait pas ajouter de chambres et de pièces du même genre ; alors que là, cela donnera ou une belle voûte ou un bon endroit pour l'été. Bon, mais si tu le sens autrement, confirme-nous ta première intention.

(e.) **In balneariis assa in alterum apodyterii angulum promovi, propterea quod ita erant posita, ut eorum vaporarium esset subiectum cubiculis.**

e. ....
....
....
....

Subgrande cubiculum autem et hibernum altum valde probavi, quod et ampla erant et loco posita, ambulationis uno latere, eo, quod est proximum balneariis.

J'ai donné mon accord pour la grande chambre à coucher et celle d'en haut pour l'hiver, parce qu'elles sont spacieuses et mitoyennes de la terrasse du côté le plus voisin des bains.

(f.) **Columnas neque rectas neque e regione Diphilus collocarat: eas scilicet demolietur;** aliquando perpendiculo et linea discet uti.

f. ....
....
....

Un jour, il apprendra à se servir d'une équerre et d'un fil à plomb !

Rome, la ville par excellence

Le mot **urbs, urbis** (f.) veut dire *ville*, mais désigne aussi la ville par excellence : Rome (cf. par exemple le mot *City* en anglais, qui désigne le centre de Londres). La littérature latine a très tôt fait de cette ville un mythe : rues encombrées, cosmopolitisme, surpopulation, opulence et misère, ces clichés structurent encore notre imaginaire de la « ville-monde ».

Le mot **civitas, atis** (f.) désigne quant à lui le même ensemble, mais au sens politique du terme. Tout groupe d'hommes présentant une unité politique sera baptisé **civitas** : ainsi César emploie-t-il ce terme pour caractériser les *tribus* ou les *peuples* de la Gaule, tandis que, chez Cicéron, le mot peut aller jusqu'à vouloir dire *État*. Retenez bien la différence entre ces deux termes pour le chapitre de récapitulation.

5 Voyons si vous savez vous orienter dans cette ville immense ! Du *Curiosum caeruleum Romae*, aujourd'hui disparu, subsistent un certain nombre de phrases que vous allez traduire, et qui forment un rappel du chapitre 7. Elles vous donnent un ensemble d'indices pour... l'exercice suivant. Les noms propres sont tellement connus que nous vous laissons les deviner.

a. A circo maximo via Appia egreditur progrediturque iuxta Caracallae thermas.

....

b. Fora Romae continentur intra Tiberim flumen, Capitolinum, Palatinum,

Aventinumque montem. ....

....

c. Hodie via sacra ab arcu Titi ad arcum Septimii Severi fora transit.

....

d. Tiberim trajiciendum est si vis Janiculum montem ire.

....

e. Amphitheatrum Flavium Colosseum Medio Aevo appellatum sub Esquilino stat.

....

....

Lieux romains

curiosum, ii (n.)	*recueil de curiosités, guide*	**forum, i** (n.)	*place publique, forum (très souvent au pluriel, **fora**, même sens)*
caeruleus, a, um	*bleu*		
circus, i (m.)	*circuit, piste, cirque*	**mons, montis** (m.)	*colline, montagne, mont*
via, ae (f.)	*rue, voie*		
thermae, arum (f. pl.)	*thermes, bains publics*	**arcus, us** (m.)	*arc, arc de triomphe*
		amphitheatrum, i (n.)	*amphithéâtre*

6 À présent, complétez (en latin) ce fond de carte représentant Rome à l'époque impériale. On a laissé en blanc les endroits suivants : la via Appia, le forum, le Tibre, le Janicule, le Colisée, l'arc de Titus et celui de Septime. Les phrases de l'exercice 5 doivent vous permettre de vous repérer. À vous de jouer !

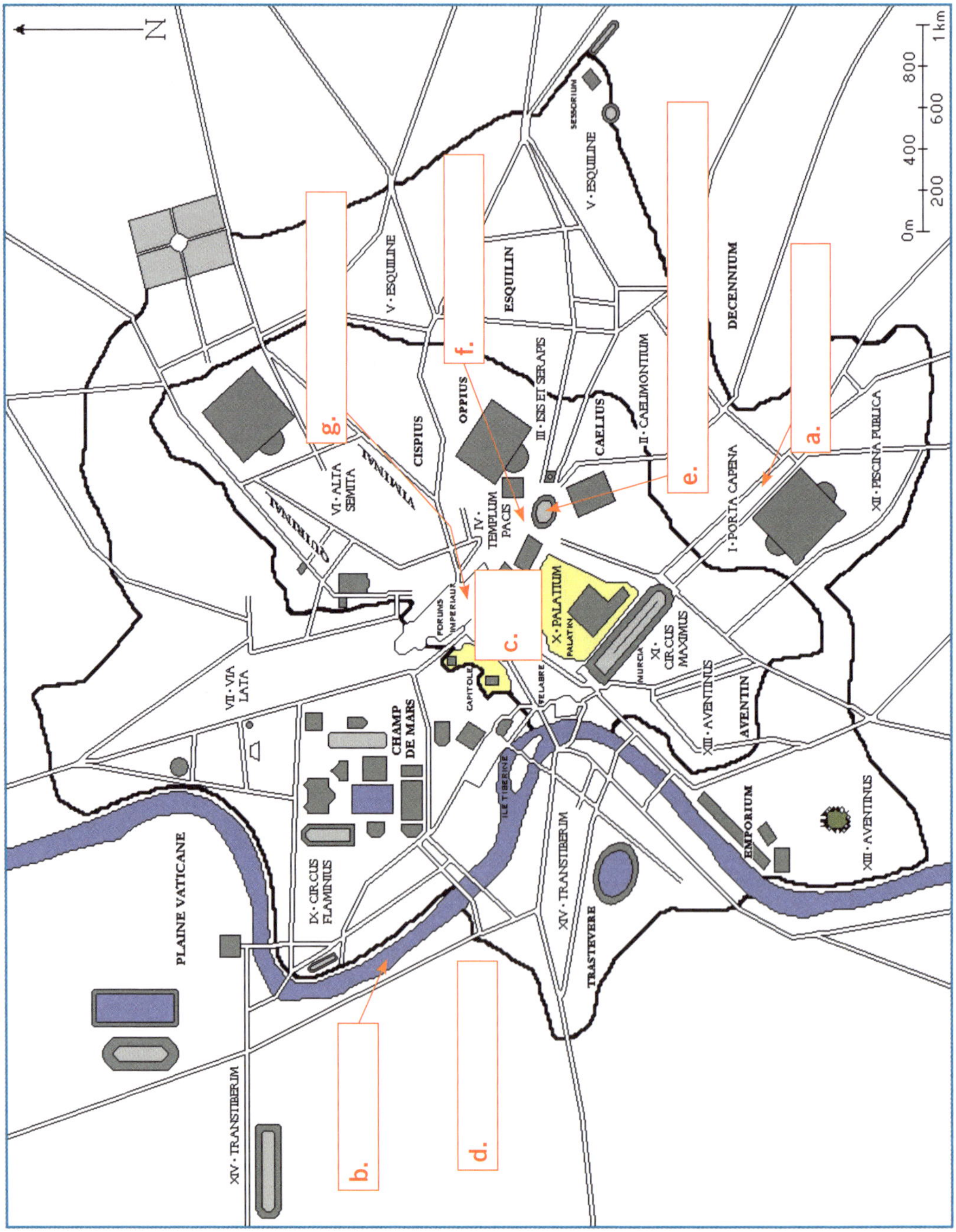

N

0m 200 400 600 800 1 km

V · ESQUILINE
V · ESQUILINE
ESQUILIN
SESSORIUM
DECENNIUM
OPPIUS
III · ISS ET SERAPS
II · CAELIMONTIUM
CAELIUS
IV · TEMPLUM PACIS
f.
g.
CISPIUS
VIMINALIS
VI · ALTA SEMITA
QUIRINAL
e.
a.
XII · PISCINA PUBLICA
I · PORTA CAPENA
FORUM IMPERAUL
c.
CAPITOLE
VELABRE
X · PALATIUM
PALATIN
MURCIA
XI · CIRCUS MAXIMUS
XII · AVENTINUS
AVENTIN
VII · VIA LATA
CHAMP DE MARS
ÎLE TIBÉR
LE TIBRE
EMPORIUM
XIII · AVENTINUS
PLAINE VATICANE
IX · CIRCUS FLAMINIUS
XIV · TRANSTIBERIUM
TRASTEVERE
b.
d.
XIV · TRANSTIBERIUM

7 **Les embarras de Rome.** Juvénal, écrivain de l'époque de Domitien, a immortalisé dans sa troisième *Satire* les innombrables inconvénients de la rue romaine : incendies, objets qui tombent des toits, dangers divers et… poètes ! Traduisez ce joli préambule jusqu'à sa pointe.

(a.) Ego vel Prochytam praepono Suburae;

(b.) nam quid tam miserum, tam solum vidimus,

(c.) ut non deterius credas horrere incendia,

(d.) lapsus tectorum adsiduos ac mille pericula saevae Urbis

(e.) et… augusto recitantes mense poetas?

a. ....

b. ....

c. ....

d. ....

e. ....

Banque de mots

Prochyta, ae	île au large de Naples, aujourd'hui *Procida*
praepono, is, ere, posui, positum	*préférer* (+ acc. + D, quelque chose à quelque chose)
Subura, ae (f.)	*Subure*, quartier malfamé de Rome
miserus, a, um	*pauvre, misérable* (le mot **locus** est sous-entendu)
solus, a, um	*seul, ici solitaire*
deterius (adv.)	*pire*
horreo, es, ere, horrui, Ø	*avoir peur de* (+ acc.)
incendium, ii (n.)	*incendie*
lapsus, us (m.)	*glissement, chute*

adsiduus, a, um	*sans cesse, sans arrêt, incessant*
periculum, i (n.)	*danger*
saevus, a, um	*enragé, cruel, furieux, inhumain*
augustus mensis	*mois d'août*
recito, as, are, avi, atum	*déclamer, réciter*
poeta, ae (m.)	*poète*

Orbis : le monde selon les Romains

Les Romains ont progressivement conquis un empire dont les traces actuelles vont encore du désert égyptien à l'Écosse, du Portugal à la Syrie. Faisons ensemble un petit tour rapide de cette immensité.

L'expression **imperium romanum** est un faux ami : il signifie proprement *pouvoir romain, commandement de Rome*. Le mot **provincia, ae** (f.), désigne d'abord une mission confiée par le sénat, puis le *territoire* sur lequel s'exercera cette mission. C'est l'origine de notre Provence, parce que la **Provincia** tout court, sans mention de territoire, désignait pour les Romains la Gaule transalpine.

8 Dans la liste des provinces romaines qui suit, certains noms ont été volontairement laissés en blanc, ou remplacés par une périphrase. Complétez la banque de mots en vous fiant à votre sens linguistique... ou à votre connaissance de la Méditerranée !

Les provinces romaines

a. Britannia, ae	....
b. Germania, ae, inferior et **superior**	....
c. Belgica, ae **Lugdunensis, is**	.... *Gaule lyonnaise*
d. Aquitania, ae **Narbonensis, is** **Tarraconensis, is**	.... *Gaule narbonnaise* *Espagne tarraconaise*
e. Lusitania, ae **Baetica, ae**	.... *Bétique* (sud de l'Espagne, cf. le club du Betis Séville)
f. Corsica, ae	....
g. Sardinia, ae	....

h. **Sicilia, ae** **Dalmatia, ae** **Mauretania, ae** **Africa proconsularis**	.... *Dalmatie,* actuelle ex-Yougoslavie *Mauritanie* (couvre en gros le territoire du Maroc actuel) *Afrique proconsulaire* (plus ou moins la Tunisie actuelle)
i. **Creta, ae** **Cyrene, es** **Dacia, ae**	.... *Cyrénaïque* (actuelle Libye) *Dacie* (à peu près Roumanie actuelle)
j. **Macedonia, ae**	....
k. **Asia, ae** **Pontus, i** **Thracia, ae** **Cappadocia, ae**	.... (côtes occidentales de la Turquie) *Pont* (nord de la Turquie) *Thrace* (en gros, Bulgarie actuelle) *Cappadoce*
l. **Syria, ae**	....
m. **Iudaea, eae**	.... (à peu près Israël)
n. **Arabia, ae**	.... (à peu près la Jordanie actuelle)
o. **Aegyptus, i**	....

9 Miracle ! Le jeune archéologue Joannes Paulus Demitulus, encore lui, a retrouvé une belle carte de l'empire au IIe siècle. Malheureusement, certains noms de province ont été effacés par le temps. Aidez-le à compléter la carte en replaçant les noms de province qui manquent.

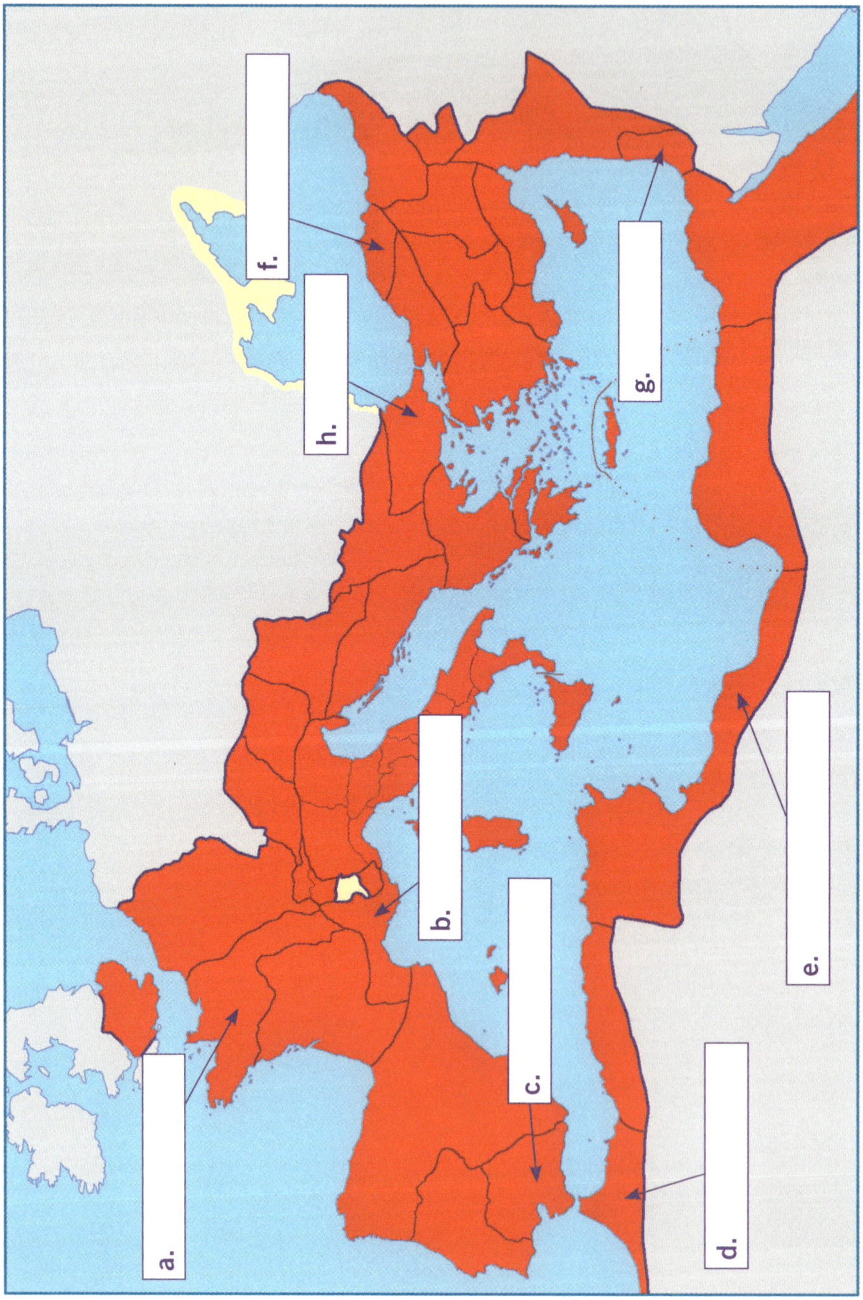

Le vocabulaire du cosmos

Les Romains ont plutôt fait appel, et ce dès César, aux Chaldéens et aux Babyloniens pour accorder leur calendrier aux mouvements du cosmos. Cela ne les empêchait pas de s'intéresser aux astres, comme on peut le lire chez Sénèque, Lucrèce, Cicéron ou Pline, à partir de sources orientales et grecques.

Spatium, ii (n.), *espace*, qui voulait dire anciennement *champ de courses, carrière*, désigne tout espace au sens abstrait, y compris un intervalle de temps ; il peut également signifier étendue ou distance.

Orbis, is (m.) signifie d'abord *cercle* : **orbis terrae** désigne plus spécifiquement l'*univers*.

Mundus, i (m.), enfin, veut dire d'abord *mise en ordre*, ce qui l'amène à deux sens très différents, *maquillage* ou *parure* (mise en ordre du visage ou de l'apparence), *monde* (mise en ordre des choses).

Le vocabulaire du cosmos

caelum, i (n.)	*ciel*	**Luna, ae** (f.)	*Lune*
Terra, ae (f.)	*Terre*	**Sol, solis** (m.)	*Soleil*
sidus, sideris (n.)	*étoile, astre*	**Inferni, orum** (m. pl.)	*Enfers*

10 Traduisez la phrase suivante.

Si quis in caelum ascendisset naturamque mundi et pulchritudinem siderum perspexisset, insuavem illam admirationem ei fore, quae iuncundissima fuisset, si aliquem cui narraret habuisset.

....

....

....

....

Bravo, vous êtes venu à bout du chapitre 8 ! Il est maintenant temps de comptabiliser les icônes et de reporter le résultat en page 128 pour l'évaluation finale.

Récapitulons :
Rome n'est plus dans Rome !

Mon premier thème latin

Récapitulons sous forme de thème. Marguerite Yourcenar, dans un célèbre passage des *Mémoires d'Hadrien*, a parfaitement exprimé cette expansion progressive de l'espace à partir de la maison romaine. Nous allons vous accompagner pas à pas dans la traduction de cette réflexion d'empereur réinventée à la première personne, dont le français est truffé de tournures latines sous-jacentes, et qui vous permettra de réviser nombre de points de grammaire déjà évoqués, en plus du vocabulaire et des notions des chapitres 7 et 8.

Voici d'abord l'extrait, à lire très attentivement :

> Rome n'est plus dans Rome : elle doit périr, ou s'égaler désormais à la moitié du monde. Ces toits, ces terrasses, ces îlots de maisons que le soleil couchant dore d'un si beau rose ne sont plus, comme au temps de nos rois, craintivement entourés de remparts ; j'ai reconstruit moi-même une bonne partie de ceux-ci le long des forêts germaniques et sur les landes bretonnes. (…) La cité est devenue l'État. J'aurais voulu que l'État s'élargît encore, devînt ordre du monde, ordre des choses.

I D'abord, révisons le lexique. Voici une banque de mots inversée, du français au latin. Tout ce qui n'est pas traduit doit être complété par vous : vous avez étudié ces mots tout au long des chapitres 1 à 8.

Banque de mots

a. *périr*	....
égaler	**aequo, as, are, avi, atum**
désormais	**jam**
moitié	**dimidium, ii** (n.)
b. *toit*	....

c. *terrasse*	....		**e.** *forêt*	....
d. *îlots de maisons*	....		**f.** *lande*	.... (tout type de terrain ouvert et plat)
couchant	**occidens, ntis**			
doré	**auratus, a, um**		*construire*	**struo, is, ere, struxi, structum**
soleil rose	**roseus Phoebus** est une expression de l'*Énéide*			
remparts	**moenia, ium** (n. pl.)			
crainte	**metus, us** (m.)			
partie	**pars, partis** (f.)			

Votre premier thème pas à pas

Nous allons d'abord identifier l'ensemble des difficultés, étape par étape. Dans les pages qui suivent, le texte est découpé en neuf exercices, suivis de conseils de traduction. À vous de trouver à chaque fois la solution lexicale ou syntaxique en latin.

2 **Partie du texte**

Rome n'est plus dans Rome

Observations

a. *n'est plus dans* : trouver un verbe avec **ex** qui exprime excès ou dépassement.

b. Attention, ce présent exprime le résultat d'une action passée !

Votre solution

a. ....

b. donc le temps à choisir en latin est un ....

3 **Partie du texte**

Elle doit périr, ou s'égaler désormais à la moitié du monde.

Observations

a. *Elle doit* : exprime aussi bien la possibilité que l'obligation…

b. *le monde* : quel mot convient ici le mieux, **Orbis** ou **Mundus** ?

Votre solution

a. La tournure latine est donc ....

b. ....

4 **Partie du texte**

Ces toits, ces terrasses, ces îlots de maisons

Observations

a. Cf. les plaintes de Cicéron pendant les travaux… à l'accusatif pluriel de préférence.

b. La dernière expression traduit un seul mot latin, déjà rencontré !

Votre solution

a. .... et ....

b. ....

5 **Partie du texte**

que le soleil couchant dore d'un si beau rose

Observations

a. *que… dore* : traduire par une structure passive accordée aux accusatifs précédents.

b. Le *soleil rose* est emprunté à Virgile…

c. *si beau* : employer le superlatif de **pulcher**. Irrégulier, attention !

Votre solution

a. ....

b. Mettre **roseus Phoebus** à l'ablatif complément d'agent ....

c. ....

6 **Partie du texte**

ne sont plus craintivement entourés de remparts ;

Observations

a. *ne sont plus… entourés* : tourner à la voix active et se souvenir des verbes de mouvement avec préposition…

b. *craintivement* : traduire par **metus** au cas approprié…

c. … et mettre *remparts* en sujet.

Votre solution

a. ....

b. ....

c. ....

7 **Partie du texte**

comme au temps de nos rois,

Observations

a. *comme* : cf. chapitre 4.

b. *au temps de,* chapitre 6. Attention, il s'agit d'un temps éloigné et majestueux…

Votre solution

a. ....

b. ....

8 **Partie du texte**

j'ai reconstruit moi-même une bonne partie de ceux-ci le long des forêts germaniques et sur les landes bretonnes.

Observations

a. *de ceux-ci* : quel pronom au G. pl. ?

b. Attention, *bretonnes* ne désigne pas notre Bretagne…

Votre solution

a. ....

b. ....

9 **Partie du texte**

La cité est devenue l'État.

Observations

a. Pour *est devenue,* passif de **facio**, bien sûr…

b. Ou mieux encore, tournure de **sententia** latine : **de** + **ab** pour *la cité,* puis nominatif pour *l'État,* et pas de verbe du tout.

Votre solution

a. ....

b. ....

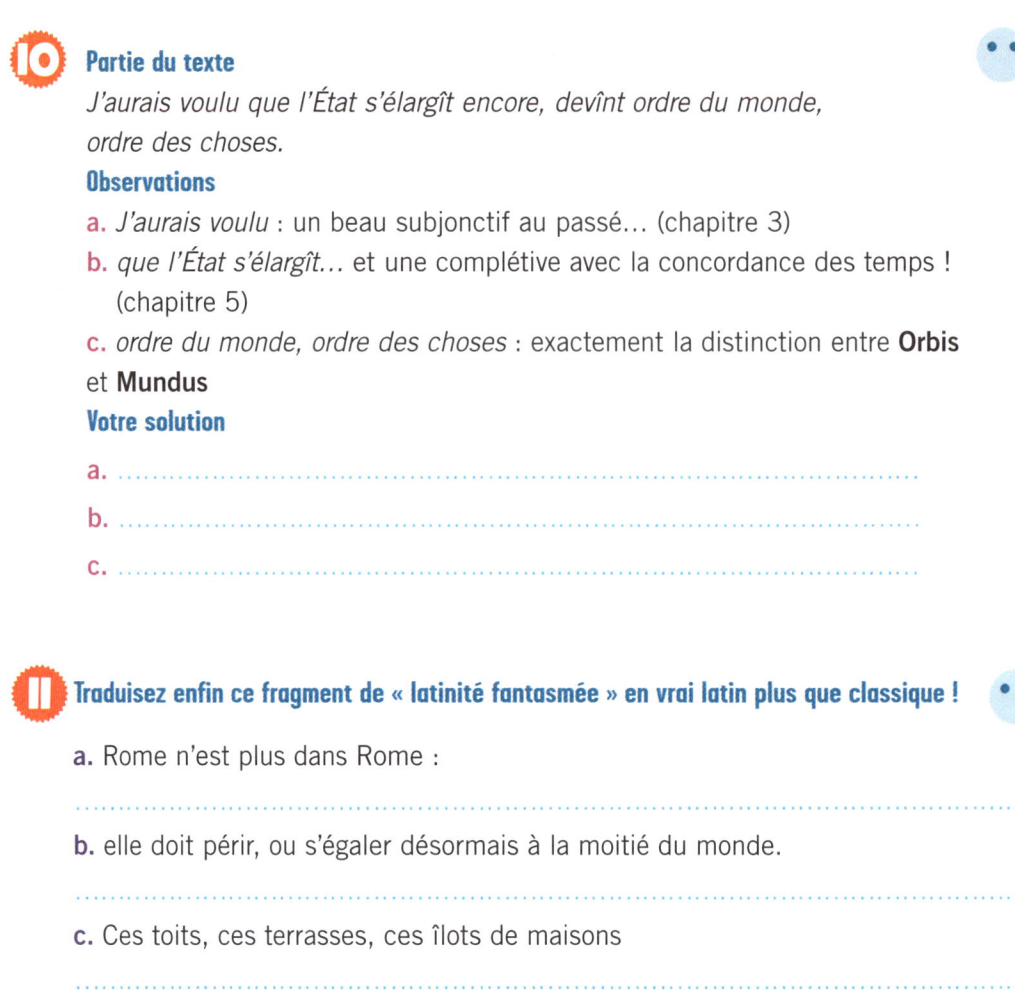

Partie du texte

J'aurais voulu que l'État s'élargît encore, devînt ordre du monde, ordre des choses.

Observations

a. *J'aurais voulu* : un beau subjonctif au passé… (chapitre 3)

b. *que l'État s'élargît…* et une complétive avec la concordance des temps ! (chapitre 5)

c. *ordre du monde, ordre des choses* : exactement la distinction entre **Orbis** et **Mundus**

Votre solution

a. ....

b. ....

c. ....

Traduisez enfin ce fragment de « latinité fantasmée » en vrai latin plus que classique !

a. Rome n'est plus dans Rome :

....

b. elle doit périr, ou s'égaler désormais à la moitié du monde.

....

c. Ces toits, ces terrasses, ces îlots de maisons

....

d. que le soleil couchant dore d'un si beau rose

....

e. ne sont plus craintivement entourés de remparts

....

f. comme au temps de nos rois ;

....

g. j'ai reconstruit moi-même une bonne partie de ceux-ci le long des forêts germaniques et sur les landes bretonnes.

....

....

h. La cité est devenue l'État.

....

i. J'aurais voulu que l'État s'élargît encore, devînt ordre du monde, ordre des choses.

....

Bravo, vous êtes venu à bout
du chapitre 9 ! Il est maintenant
temps de comptabiliser les icônes
et de reporter le résultat en
page 128 pour l'évaluation finale.

10

Apprendre à traduire

Tout sauf de l'art : le mot *ars*

Nous allons arpenter rapidement le territoire dangereux – aussi vaste qu'un quartier malfamé de Rome – des pièges de la traduction : faux amis, tournures impropres, expressions lexicalisées, mauvais réflexes de francophone, etc. Pour cela, nous partirons d'un substantif : **ars, artis** ; nous passerons par un verbe actif très général : **agere**, puis nous irons vers des faits de syntaxe « ressemblants », donc piégeux.

Le mot **ars, artis** (f.) ne veut en règle générale pas dire *art* dans notre sens d'aujourd'hui (l'équivalent du mot *artiste* n'existe d'ailleurs pas en latin). Il désigne d'abord toute pratique nécessitant un apprentissage, donc :

- les qualités nécessaires à cette pratique : on traduira alors par *talent, qualités, dispositions* ;
- la pratique elle-même, on choisira des traductions comme *métier, profession, technique*, etc. ;
- les enseignements théoriques la permettant : **ars** veut dire dans ce *cas étude, traité ou manuel*.

I D'abord, le mot *art* étant lui-même polysémique en français, comment traduiriez-vous les expressions françaises suivantes... en latin ? Dans ce tableau, reliez par une flèche les phrases françaises à l'expression latine qui traduit la partie en orange.

a. Cet orateur **a l'art** d'esquiver les questions qui fâchent.　　•　　• Cenatoria

b. **L'homme de l'art** a examiné le jeune Britannicus : il n'en a plus pour longtemps.　　•　　• Sollertia

c. Verrès était un bon connaisseur de **l'histoire de l'art**.　　•　　• Pugilatus

d. Le couvreur a réparé la toiture de la villa Manilia **avec art**.　　•　　• Antiquae picturae

e. Trimalcion a révolutionné les **arts de la table**.　　•　　• Pontes

f. Les gladiateurs pratiquaient quotidiennement **le noble art**.　　•　　• Medicus

g. Les Romains ont construit nombre d'**ouvrages d'art** au-dessus du Tibre.　　•　　• Excellet

Autres expressions avec *ars*

Ainsi, **ars colendi** voudrait dire *traité d'agriculture* et non *l'art de cultiver*, tandis que **bonae artes** ne voudra pas dire *les beaux-arts,* mais *les qualités requises*. Encore mieux, le proverbe **ars longa, vita brevis** ne signifie surtout pas *l'art est long, la vie est courte* (ce qui ne veut franchement rien dire) mais, restitué dans son contexte médical : *L'étude de la médecine prend du temps, la vie du patient est brève !*

2 Les phrases suivantes sont traduites, sauf le mot *ars*. Nous vous laissons compléter en vous interdisant, bien sûr, le mot *art* en français.

a. Mucianus malis bonisque artibus mixtus erat. *Mucianus était un mélange de bonnes et de mauvaises* ....

b. Iuvenis imperator patris artibus bellum gerebat. *Le jeune général menait le combat selon la* .... *de son père.*

c. Grammaticam latini sermonis artem magister Tristanus scripsit. *Le professeur Tristanus a écrit une* .... *du latin.*

Banque de mots

amatorius, a, um	qui relève de l'*amour* ou de la *séduction*	**fabrica, ae** (f.)	*artisanat ;* ici *architecture*
avaritia, ae (f.)	*avidité, cupidité, convoitise*	**ceteri, ae, a** (toujours pl.)	*qui reste, restant, tout le reste*
praepedio, is, ire, ivi, ø	*entraver, faire obstacle*	**effectus, us** (m.)	*accomplissement, effet, efficacité*
ferme (adv.)	*presque*	**absolvo, is, ere, solvi, solutum**	*délier, absoudre, achever*
cohors, ortis (f.)	*cohorte, troupe*	**opus, eris** (n.)	*travail, œuvre, ouvrage*
abdo, is, ere, didi, ditum	*tenir à l'écart, retrancher, cacher*	**perficio, is, ere, feci, fectum**	*achever, terminer*

3 En vous aidant de la banque de mots en page 81, traduisez maintenant les phrases qui suivent en entier, en vous interdisant toujours la traduction par *art*.

a. Ars amatoria ab Ovidio scripta est.

....

b. In consule nostro, multae bonaeque artes animi et corporis erant, quas omnes avaritia praepediebat. (Salluste)

....

....

c. Ego eruditissimorum hominum artibus eloquentiam contineri statuam… (Cicéron)

....

....

d. In huius siluae medio ferme spatio, cohors Romana, arte Punica, abditur, et equites. (Tite-Live)

....

....

e. Ut pictura et fabrica ceteraeque artes habent quemdam absoluti operis effectum, sic in omni natura, ac multo etiam magis, necesse est absolvi aliquid ac perfici. (Cicéron)

....

....

Banque de mots

doctus, a, um	*savant, instruit*
citus, a, um,	*rapide*
velum, i (n.)	*voile*
remus, i (m.)	*rame*
velo remoque	*à toute vitesse*
ratis, is (f.)	*radeau d'où bateau, navire*
levis, e	*léger*
currus, us (m.)	*char*

4 Voici maintenant le début de l'*Ars amatoria* d'Ovide, où justement, le mot *ars* est employé quatre fois ! Saurez-vous en saisir toutes les nuances en traduisant ?

a. Siquis in hoc artem populo non novit amandi,

....

b. Hoc legat et, lecto carmine, doctus amet.

....

c. Arte citae veloque rates remoque moventur,

....

d. Arte leves currus: arte regendus amor.

....

Un verbe très général : *ago*

Le verbe **ago, is, ere, egi, actum**, dont le radical se retrouve dans nombre de mots français, est un autre exemple de faux ami. Nous allons l'aborder à travers un exercice.

5 Retrouvez les mots français manquants, tous issus des racines de *agere*.

a. Le bouddhisme zen enseigne le ....

b. Rien de pire qu'un militaire condamné à l'..............................

c. « Je n'avais pas vu le stop. Soyez sympa, m'sieur l' .... ! »

d. C'était d'un ennui, cette pièce ! On est parti au troisième ....

e. Le travail dans les économies modernes se divise en secteurs d'..............................

f. Nicolas ne sait pas s'il est libre, il ne regarde jamais son ....

Les nuances du verbe *ago*

Ainsi, en latin, **agere** signifie d'abord *donner l'impulsion, mettre en mouvement* : *pousser un troupeau* par exemple, mais également *chasser, poursuivre*, etc. Puis il prend le sens de *faire* (le verbe **facere** signifiant d'abord *fabriquer*, attention), *agir, exprimer (pousser des paroles hors de sa bouche*, si on veut). **Se agere** signifie même littéralement *se pousser soi-même*, donc *aller*, y compris conjugué à la voix passive, quelquefois. Cette extrême richesse d'usages doit vous porter à la vigilance quand vous rencontrez ce verbe. Mémoriser les expressions figées employant **agere** n'est pas inutile non plus.

6 Toutes les phrases que nous vous demandons de traduire ici emploient *agere* dans son sens premier, *donner l'impulsion*. À charge pour vous de bien rendre la nuance en français par un verbe différent à chaque phrase.

a. Omne Proteus pecus egit altos visere montes. (d'après Horace)

....

b. Ecce gubernator sese Palinurus agebat… (Virgile)

....

c. Dicitur carmine Orpheum egisse quercus. (d'après Virgile)

....

d. Secundum sollemnes precationes, Decius adiecit prae se agere sese formidinem ac fugam caedemque ac cruorem, caelestium inferorum iras… (d'après Tite-Live)

....

Banque de mots

Proteus, i	*Protée*		**formido, inis** (f.)	*crainte*
pecus, oris (n.)	*troupeau*		**fuga, ae** (f.)	*fuite*
viso, is, ere, visi, visum	*examiner, contempler, visiter*		**caedes, is** (f.)	*meurtre, massacre*
gubernator, oris (m.)	*pilote*		**cruor, oris** (m.)	*sang (qui coule), carnage*
carmen, inis (n.)	*chant, poème*			
quercus, us (f.)	*chêne*		**caelestes, ium**	*dieux*
sollemnis, e	*solennel*		**inferus, a, um**	*d'en bas, infernal*
precatio, onis (f.)	*prière*		**ira, ae** (f.)	*colère*

Quelques expressions avec *agere*

rem agere	*s'occuper d'une affaire, régler quelque chose*
agentes in rebus	*ceux qui traitent les affaires sous l'Empire* (cf. exercice 8, page suivante)
res acta	*c'est chose faite, c'est fait*
agenda (n. pl.)	*choses à faire*
nihil agere	*n'aboutir à rien* (et non pas *ne rien faire*, attention)
gratias agere	*remercier* (d'où l'espagnol « *gracias* » et l'italien « *grazie* »)
causam agere	*plaider* (cf. le français *plaider une cause*)
fabulam agere	*jouer* (au théâtre)
forum agere	*rendre la justice*

7 **Passons maintenant au sens de *faire, agir, s'exprimer*. Traduisez les phrases suivantes, dans un sens ou dans l'autre, sans oublier de consulter la banque de mots et de bien reconnaître les formes conjuguées.**

a. Mêle-toi de tes affaires !

....

b. Quid sine Quinto fratre Marcus Tullius egerit? Ei gratias ille agere debet.

....

c. Licinius Crassus primus instituit in forum versus agere cum populo. (Cicéron)

....

d. Fabulam optimam Tusci histrioni egissent, nisi aeger fuisset tibicen.

....

e. L'orateur aurait très bien plaidé, s'il n'avait pas été malade.

....

f. Vitia Othonis, quibus solis gloriatur, evertere imperium, etiam cum amicum imperatoris ageret.

....

....

8 Pour bien comprendre à quoi servaient les *agentes in rebus*, dont la désignation très vague est en fait un euphémisme, voici un passage court mais explicite d'Ammien Marcellin. Nous sommes en 354, sous Constance II. L'Empire connaît comme souvent une période de troubles et de guerres civiles, et un certain Gaudentius s'occupe de... dénoncer ce qu'il a entendu dans un repas. Proposez une traduction assez franche pour *agens in rebus*, d'après le contexte, et ne traduisez pas *rem* par « chose » !

1. Gaudentius, agens in rebus, mente praecipiti stolidus,

2. rem ut seriam detulerat ad Rufinum,

3. apparitionis praefecturae praetorianae tunc principem,

4. ultimorum semper avidum hominem et coalita pravitate famosum.

1. ....

2. ....

3. ....

4. ....

Banque de mots

Gaudentius, ii	*Gaudentius*
stolidus, a, um	*brutal, grossier, lourd*
praeceps, cipitis	*précipité, d'où inconscient, irréfléchi, incohérent*
serius, a, um	*sérieux*
defero, fers, ferre, tuli, latum	*rapporter, dénoncer*
apparitio, onis (f.)	*apparat, protocole*
princeps, ipis (m.)	ici, *chef, directeur*
praefectura praetoriana (f.)	*préfecture du prétoire* (garde rapprochée de l'empereur, police politique)
pravitas, atis (f.)	*défaut, vice, dépravation*
coalitus, a, um	*développé, bien ancré, enraciné*

Pièges pour francophones

À syntaxe semblable, sens différent. Un des pièges de la traduction du latin au français est la proximité syntaxique : les modes participe et infinitif, par exemple, existent dans les deux langues. On a donc une tendance naturelle à vouloir rendre un participe passé par un participe passé, un infinitif par un infinitif, etc. En réalité, c'est souvent le meilleur moyen pour rendre la phrase française lourde et incompréhensible, là où le latin est léger et fluide.

Prenons un exemple simple. Soit le début de phrase : **Consilio audito Caesar iussit…**, qui contient un ablatif autonome, donc un participe passé passif. Si vous traduisez par *L'avis ayant été entendu, César ordonna…*, personne n'écrit comme cela en français, c'est horrible ! Si vous choisissez la parataxe *César écouta cet avis et ordonna…*, c'est mieux ; mais si vous écrivez *Fort de cet avis, César ordonna…*, vous restituez pleinement la nuance causale suggérée par la circonstancielle à l'ablatif, tout en respectant la concision et l'efficacité césarienne.

Conclusion : ce n'est pas parce que telle tournure existe dans les deux langues qu'elle a la même valeur dans chacune. Les exercices qui suivent ont pour but de vous habituer à rendre la valeur d'une tournure syntaxique plutôt que sa forme.

❾ **Un général romain a besoin d'écouter incognito ce que disent ses soldats. Dans ce passage des *Annales*, Tacite emploie trois participes passés, pour trois emplois différents. Traduisez étape par étape cette phrase descriptive, sans oublier que le français préfère les verbes actifs et la succession.**

1. Nocte coepta,

2. egressus augurali per occulta et vigilibus ignara, comite uno,

3. contectus umeros ferina pelle,

4. adit castrorum vias.

1. ....

2. ....

3. ....

4. ....

Banque de mots

augurale, alis (n.)	*augural* (entrée droite de la tente du général, par laquelle il consulte le vol des oiseaux)
coepio, ere, coepi, coeptum (seules les formes du passé sont conjuguées)	*commencer*
occultum, i (n.)	*passage secret*
vigil, is (m.)	*sentinelle*
comes, comitis (m.)	*compagnon*
contego, is, ere, texi, tectum	*couvrir, cacher*
ferinus, a, um	*de bête*

 Suite : Pendant cette balade incognito, un ennemi germain vient haranguer les soldats romains, en leur promettant des récompenses s'ils désertent. En plus de l'ablatif autonome, vous trouverez dans cette phrase un participe présent avec complément du nom, un emploi typique de *ago*, et une subordonnée hypothétique, qu'il est inutile de traduire tels quels également.

1. Inter quae, unus hostium latinae linguae sciens,

2. acto ad vallum equo,

3. voce magna,

4. coniuges et agros et stipendii in dies (…) sestertios centenos,

5. si quis transfugisset,

6. Arminii nomine pollicetur.

1. ....

2. ....

3. ....

4. ....

5. ....

6. ....

Banque de mots

stipendium, ii (n.)	*salaire*
centenus, a, um	*centaine*
transfugio, is, ere, fugi, fugitum	*passer à l'ennemi, déserter, changer de camp*
Arminius, ii,	*Arminius* (chef germain qui vainquit les Romains à la bataille de Teutoburg)

Bravo, vous êtes venu à bout du chapitre 10 ! Il est maintenant temps de comptabiliser les icônes et de reporter le résultat en page 128 pour l'évaluation finale.

La complexité en latin

Lire une phrase latine

Ce chapitre, dans la continuité du précédent, a pour but de vous amener à lire une phrase latine complexe en vous adaptant à sa logique, et à abandonner deux mauvais réflexes se nourrissant mutuellement : l'un consiste à imposer une lecture de francophone à un texte latin, l'autre, à imposer les structures et l'ordre du latin à la traduction française. Nous irons pour cela de la lecture la plus analytique à la lecture la plus globalisante.

Faisons d'abord un détour par une chose très simple à lire, mais procédant d'une autre logique : les chiffres romains (cf. volume 1).

I Transcrivez les chiffres suivants d'une notation à l'autre : des chiffres romains aux chiffres arabes, ou l'inverse.

a. XI ....

b. 9 ....

c. XLV ....

d. LXIV ....

e. 194 ....

f. CMXLIX ....

g. 743 ....

h. CDXCVIII ....

Lire une phrase latine, suite

Que constatez-vous ? Que, là où notre notation arabe est strictement successive, le chiffre romain se lit **à la fois** de manière successive et de manière globalisante : certaines unités (pour la notation des 4 et des 9) se lisent deux à deux, en bloc, tout en s'inscrivant dans une succession de gauche à droite quand même. **La phrase latine procède de ce même équilibre :** certains éléments doivent se prendre « en bloc », avec une hiérarchie à l'intérieur de ce bloc qui ne respecte pas forcément la succession, tandis que d'autres éléments se lisent dans leur succession. Lire une phrase latine consiste donc souvent à « suspendre » certains éléments de sens, en attendant leur « résolution » plus loin, alors que d'autres éléments se sont enchaînés à l'intérieur.

2 Soit l'exorde de la plaidoirie *Pro Flacco*. Le contexte est le suivant : Flaccus était préteur à l'époque où Cicéron déjoua la conjuration de Catilina, et fut son fidèle « lieutenant » contre les conjurés. Quelques années plus tard, les Césariens lui cherchent noise, et n'ont pas de mal à lui intenter un procès *de repetundis*, pour concussion (extorsion abusive de fonds pour son profit personnel), lorsqu'il gouvernait la province d'*Asia* (cf. chapitre 6), puisque c'est vrai. Cicéron est pourtant bien obligé de lui renvoyer l'ascenseur en le défendant. En bon avocat, il multiplie dans cette première phrase les effets de manches par une longue phrase pourtant assez simple dans sa structure. Lisez une première fois le texte en repérant les trois propositions — une principale et deux subordonnées —, en les notant dans l'ordre de leur apparition, et en donnant leur nature.

Cum, in maximis periculis huius urbis atque imperi, gravissimo atque acerbissimo rei publicae casu, socio atque adiutore consiliorum periculorumque meorum L. Flacco, caedem a vobis, coniugibus, liberis vestris, vastitatem a templis, delubris, urbe, Italia depellebam, sperabam, iudices, honoris potius L. Flacci me adiutorem futurum quam miseriarum deprecatorem.

1. La première proposition va de ....

à ....

et **2.** c'est une ....

3. La deuxième se réduit à ....

et **4.** c'est la ....

5. La troisième va de ....

à ....

et **6.** c'est une ....

3 Donnez maintenant, à l'intérieur de la première proposition subordonnée, l'ensemble des compléments régis par *depellebam*, et donnez leur nature.

a. .... est un complément ....

b. .... est un complément ....

c. .... est un complément ....

d. .... et .... sont les deux COD.

e. .... sont des compléments ....

Banque de mots

acerbus, a, um	*pénible, amer, cruel*
adiutor, oris (m.)	*aide, secours*
vastitas, atis (f.)	*dévastation, ravage*
delubrum, i (n.)	*sanctuaire*
depello, is, ere, depuli, depulsum	*repousser, écarter*
honos, honoris (m.)	*charge publique, magistrature* (cf. l'expression **cursus honorum**, *carrière politique*)
miseria, ae (f.)	*malheur, problème, difficulté*
deprecator, oris (m.)	*protecteur, intercesseur*

Passer à une lecture globale

Vous le voyez, la proposition commençant par **cum** est d'emblée suspendue par les compléments circonstanciels, et le verbe qui en dépend, placé ainsi très loin de son subordonnant, crée comme un enchâssement de tous les compléments au milieu des éléments principaux. Cet effet, très habituel en latin, ne peut être rendu en français tel quel. C'est donc d'abord un important travail de transposition dans les logiques d'énonciation francophones qui vous attend : plutôt l'adresse au public en premier, plutôt l'énoncé de la principale d'abord, puis l'énoncé des circonstances. Ainsi, le « je » placé dès le début du discours vous permettra de rendre le sel de ce début : c'est surtout Cicéron qui se met en valeur du début à la fin, bien plus que son indéfendable client !

4 **Traduisez alors ce paragraphe, en tenant compte des habitudes francophones.**

    a. On commence presque toujours un discours par l'apostrophe au public : judices ....

    b. Un orateur francophone suspendra l'énoncé de la principale d'abord : sperabam ....

Ensuite, les deux premières circonstancielles, en trouvant des formules hyperboliques pour rendre les superlatifs latins, et en préférant les verbes actifs à la juxtaposition nominale :

c. in maximis periculis huius urbis atque imperi ....

....

d. gravissimo atque acerbissimo rei publicae casu ....

....

Ensuite, l'ablatif autonome décrivant le soutien de Flaccus dans la tempête (là aussi, choisissez un subordonnant + un verbe actif pour charpenter le tout) :

e. socio atque adiutore consiliorum periculorumque meorum L. Flacco

....

5 **Suite. On passe à la fin de la subordonnée : le subordonnant et le verbe d'abord.**

a. cum depellebam ....

Puis les compléments d'objets et la cohorte d'ablatifs. Attention à l'ambiguïté de la préposition « de » en français.

b. caedem a vobis, coniugibus, liberis vestris ....

....

c. vastitatem a templis, delubris, urbe, Italia ....

....

Courage, il ne manque plus que la proposition infinitive ! À ce stade, une reprise du verbe principal en français peut relancer la phrase : *j'espérais, dis-je*... **Attention aux deux génitifs enchaînés, et à la structure** *potius... quam***, qui peut s'avérer peu élégante une fois traduite.**

d. honoris potius L. Flacci me adiutorem futurum ....

....

e. quam miseriarum deprecatorem. ....

....

La concision et la brièveté

L'autre difficulté du latin, qui ne contredit pas la précédente, est l'économie de l'expression. La souplesse et la généralité des cas, l'absence d'articles, de pronoms sujets et bien souvent de prépositions, l'aspect facultatif de l'auxiliaire **esse**, l'abondance au contraire des pronoms de rappel et des indéfinis, donnent parfois au francophone l'impression pénible que bien des fragments de phrase flottent dans l'indécidable. La philosophie morale des Romains se prête ainsi fortement au jeu de la **sententia**, la phrase courte et généralisante, ainsi que les formes brèves en poésie. C'est en partie cet aspect qui a permis à certaines phrases isolées de devenir des proverbes, dont certains ont émaillé ce manuel.

6 Voici des phrases, classées par taille décroissante, que vous allez traduire « à l'intuition », si possible d'un seul coup et sans analyse, et sans aucune aide, hormis le mot *reus, i* (m.), *accusé*.

a. Nihil tam absurde dici potest quod non dicatur ab aliquo philosophorum. (Cicéron)

....

b. Quod est ante pedes nemo spectat, caeli scrutantur plagas. (Ennius)

....

c. Neque nullis sis amicus neque multis. (Érasme, d'après Hésiode)

....

d. Alterius non sit qui suus esse potest.

....

e. Non licet bis in bello peccare.

....

f. Gratis paenitet probum esse. (Ovide)

....

g. In dubio pro reo.

....

h. Amor amara dat. (d'après Plaute)

....

i. Horresco referens. (Virgile)

....

j. Sapiens secum. (d'après Sénèque)

....

k. Esse esse. (Victor Hugo)

....

7 Passons à un maître de la *sententia*, Sénèque. Dans le passage qui suit, Sénèque conseille à Lucilius de ne pas voir en permanence dans l'avenir une source de malheurs assurés et d'anxiété. À l'aide de phrases courtes, il alterne exemples imagés et petits adages autour du *locus communis* « tu verras bien, ne t'en fais pas ». Traduisez phrase par phrase, mais en faisant attention à ne jamais perdre de vue le sens de l'ensemble, car chacune éclaire l'autre. Faites bien attention aux indéfinis, aux neutres pluriels, à tout ce qui permet de généraliser le discours.

a. Multa intervenient, quibus vicinum periculum vel prope admotum, aut subsistat aut desinat aut in alienum caput transeat:

....

....

b. incendium ad fugam patuit;

....

c. quosdam molliter ruina deposuit;

....

d. aliquando gladius ab ipsa cervice revocatus est;

....

e. aliquis carnifici suo superstes fuit.

....

f. Habet etiam mala fortuna levitatem.

....

g. Fortasse erit, fortasse non erit; interim, non est: meliora propone.

....

Banque de mots

vicinus, a, um	proche, voisin
admotus, a, um	à l'approche, pressant
subsisto, is, ere, stiti, Ø	s'arrêter, rester
desino, is, ere, desii, desitum	cesser
caput, capitis (n.)	tête

pateo, es, ere, patui, Ø	être ouvert, praticable, accessible, rendre possible
molliter (adv.)	avec souplesse, en douceur
depono, is, ere, posui, depositum	déposer, débarquer

Suite de la banque de mots en page suivante ➔

Banque de mots (suite)

ruina, ae (f.)	*effondrement, ravage* (ici *glissement de terrain*)	**superstes, stitis**	*survivant*
		levitas, atis (f.)	*légèreté, inconstance, frivolité*
aliquando (adv.)	*quelquefois*	**fortasse** (adv.)	*peut-être*
cervix, icis (f.)	*nuque, cou*	**propono**	*placer devant ses yeux, se représenter, imaginer*
revoco, as, are, avi, atum	*rappeler, renvoyer, retirer*		
carnifex, icis (m.)	*bourreau*		

8 Un petit détour par l'épigramme : chez Martial, deux vers suffisent pour une chanson à boire où l'ami se dérobe. Traduisez en essayant de rendre le tour bref et moqueur !

a. Siccus, sobrius est Aper: quid ad me?

....

b. Servum sic ego laudo, non amicum!

....

Banque de mots

siccus, a, um	*sec,* ici *sobre, qui ne boit pas*
sobrius, a, um	*sobre*
Aper, Apri (m.)	*Aper,* nom d'homme
laudo, as, are, avi, atum	*féliciter, louer*

9 L'écrivain Tacite, « le silencieux », a gagné ce surnom précisément pour sa tendance à ramasser, en des formules brèves et frappantes, toute la puissance dramatique d'un récit ou d'une situation. Voici comment, en quelques lignes, il juge l'action de Pompée à partir de 52 avant J.-C., puis les années de guerre civile qui précipitèrent la fin de la République. Ne manquez pas les fréquentes élisions du verbe *esse*. Traduisez en essayant de rendre l'alternance entre la phrase oratoire, pleine d'assonances (*quae armis*, etc.) et les formules courtes comme l'éclair... Un plaisir d'experts !

a. Corruptissima re publica plurimae leges.

....

b. Tum Cn. Pompeius, tertium consul corrigendis moribus delectus, et gravior remediis quam delicta erant, suarumque legum auctor idem ac subversor, quae armis tuebatur armis amisit.

....

....

....

c. Exim, continua per viginti annos discordia : non mos, non ius; deterrima quaeque impune, ac multa honesta exitio fuere.

....

....

Banque de mots

corruptus, a, um	*corrompu*	**amitto, is, ere, amisi, amissum**	*laisser s'échapper, perdre, défaire*
plurimus, a, um	*multiple, plusieurs, très nombreux*	**exim** (adv.)	*de là, ensuite*
deligo, is, ere, delegi, delectum	*nommer, choisir*	**discordia, ae** (f.)	*discorde, désunion* (ici, *guerre civile*)
remedium, ii (n.)	*remède*	**deterrimus, a, um**	*le pire* (superlatif employé comme substantif neutre)
delictum, i (n.)	*délit, faute*		
auctor, oris (m.)	*celui qui promulgue, garant, instigateur*	**exitium, ii** (n.)	*perte, chute, déchéance* (**exitio esse**, *causer la perte de*)
idem ac	*le même que*		
subversor, oris (m.)	*celui qui renverse, destructeur*		
tueor, eris, tueri, tuitus sum	*protéger, guetter, défendre*		

Bravo, vous êtes venu à bout du chapitre 11 ! Il est maintenant temps de comptabiliser les icônes et de reporter le résultat en page 128 pour l'évaluation finale.

Une petite histoire de la langue latine

Les trous dans le texte

Le latin ne se résume pas aux deux siècles entourant le début de l'ère chrétienne : des premières inscriptions au néolatin d'aujourd'hui, cette langue a traversé les siècles en continu et vit toujours, sous sa forme écrite. Nous vous proposons dans ce dernier chapitre de parcourir brièvement l'histoire de cette langue, tout en reprenant ses principales difficultés.

Première difficulté : les trous dans le texte. Le latin ne se trouve pas seulement sur des parchemins ou des imprimés, mais aussi sur des pierres. Imaginez dans quel état on les retrouve quelquefois ! C'est le petit jeu que nous vous proposons avec une des plus célèbres d'entre elles, le **Lapis niger**, trouvée sous le Forum au xixe siècle, et qui marque un état de la langue latine autour du… ve siècle avant J.-C. Voici une partie de l'inscription, ou ce qu'il en reste :

quoi hon…	…m kalatorem hai
…sakros es	…o iod iouxmenta kapiad otav
ed sorm…	
…ia . ias	m iter ia…
regei ic…	…m quoi ha-
…evam	velod nequ…
quos ri…	…od iovestod…

❶ **Transcrivez en latin classique les mots reconnaissables. Faites preuve d'intuition et pensez aux mots que vous connaissez ! Exemple :** *quoi*, **le premier mot de l'inscription, peut se comprendre** *qui* **en latin classique.**

a. hon ....

b. sakros ....

c. regei ....

d. quos ....

e. kalatorem ....

f. iouxmenta ....

g. kapiad ....

h. iter ....

i. velod ....

j. nequ ....

k. iovestod ....

2 Voici maintenant une transcription plausible en latin classique, que vous pouvez comparer à la vôtre. Traduisez ce qui peut l'être, en repérant bien les cas (cf. chapitre 1). Exemple pour la première ligne, avec son complément hypothétique entre crochets :
qui hunc [locum violaverit], **celui qui profanerait cet endroit.**

QUI HVNC [locum violaverit]

a. SACER ESTO ....

b. REGI ....

c. CALATOREM ....

d. IVMENTA ....

e. CAPIAT ....

f. IVSTO ....

Banque de mots

sacer, sacra, sacrum	*sacré* ou *maudit*
calator, oris (m.)	*héraut*
iumentum, i (n.)	*bétail*

3 Un peu de latin classique, à présent. Auguste ne fut pas le dernier à organiser sa propagande et nous a laissé un précieux témoignage de celle-ci à travers une autre inscription, les *Res gestae divi Augusti*. En voici un extrait : malheureusement, la pierre est très abîmée ! Reconstituez le texte complet à l'aide des fragments tombés juste en dessous, en vrac. Attention, cette fois, aucune traduction pour vous aider...

In **1.** .... sexto et septimo, postquam bella

2. .... exstinxeram, per consensum universorum potens rerum

3. .... **4.** .... publicam ex mea potestate in senatus

5. .... Romani arbitrium transtuli. Quo pro **6.** ....

meo senatus consulto **7.** .... appellatus sum et laureis postes

8. .... mearum vestiti publice **9.** .... que civica

super ianuam meam **10.** .... est.

POPULIQUE AEDIUM CIVILIA FIXA CONSULATU

CORONA REM MERITO OMNIUM AUGUSTUS

Banque de mots

sextus, a, um	*sixième*
septimus, a, um	*septième*
exstinguo, is, ere, stinxi, stinctum	*éteindre, éliminer, faire disparaître*
consensus, us (m.)	*consensus, accord, assentiment*

arbitrium, ii (n.)	*jugement, pouvoir de décision*
laureus, a, um	*de laurier*
postis, is (m.)	*montant de porte*

4 **Traduisez maintenant le titre de ce document, puis les deux phrases de l'inscription.**

a. Res gestae divi Augusti

....

b. In consulatu sexto et septimo,

....

c. postquam bella civilia exstinxeram,

....

d. per consensum universorum potens rerum omnium,

....

e. rem publicam, ex mea potestate, in senatus populique Romani arbitrium transtuli.

....

....

f. Quo pro merito meo, senatus consulto Augustus appellatus sum;

....

g. et laureis postes aedium mearum vestiti publice, coronaque civica super ianuam meam fixa est.

....

....

Le latin médiéval

Avançons dans le temps et abordons le latin médiéval, plus varié qu'on ne croit. Attention à la graphie : le **-e** en fin de mot désigne souvent le génitif en **-ae** du latin classique. Le latin médiéval est également parfois contaminé par l'allemand du Moyen Âge, comme vous le verrez dans l'exercice suivant.

5 D'abord, cette petite chanson à boire issue des *Carmina burana* (XIIIᵉ siècle), où un abbé de Cocagne fait le coquin... Vous allez traduire cette petite chanson vers par vers, sans aucun vocabulaire ou presque. Sachez seulement que *consilium* désigne ici le *chapitre* du plaisant abbé, soit ceux avec qui il se réunit, non des moines, mais des *bibuli* ! Enfin, l'interjection *Wafna* vient de l'allemand du Moyen Âge : traduisez par le cri d'indignation que vous voulez !

a. Ego sum abbas Cucaniensis

....

b. Et consilium meum est cum bibulis

....

c. Et in secta Decii voluntas mea est

....

d. Et qui mane me quesierit in taberna

....

e. Post vesperam nudus egredietur

....

f. Et sic denudatus veste clamabit:

....

g. Wafna, wafna!

....

h. Quid fecisti sors turpassi?

....

i. Nostre vite gaudia

....

j. Abstulisti omnia!

....

Hildegarde et le latin « spirituel »

Le latin médiéval, ce sont aussi de grandes envolées spirituelles : voici un exemple de **Visio**, par la grande mystique Hildegarde de Bingen (XIe siècle). L'être qu'elle rencontre dans sa vision lui adresse ici des conseils presque… féministes. Une manière pour la jeune femme de revendiquer un savoir acquis sans les hommes. Voici le texte :

Ergo in fontem abundantiae ita dilatare et ita in mystica eruditione efflue, ut illi ab effusione irrigationis tuae concutiantur qui te, propter praeuaricationem Euae, uolunt contemptibilem esse. Nam tu acumen huius profunditatis ab homine non capis, sed a superno et tremendo iudice illud desuper accipis, ubi praeclara luce haec serenitas inter lucentes fortiter lucebit.

6 Cet exercice va vous permettre de réviser les temps et les modes (chapitre 2). Relevez dans l'extrait ci-dessus :

a. un infinitif présent ....

d. un impératif présent ....

b. un indicatif présent ....

e. un subjonctif présent ....

c. un indicatif futur ....

7 Traduisez maintenant cet extrait à l'aide de la banque de mots ci-contre, en tenant compte de l'évolution du vocabulaire, et en repérant bien le type de proposition apprise au chapitre 4.

a. Ergo in fontem abundantiae ita dilatare et ita in mystica eruditione efflue

....

b. ut illi ab effusione irrigationis tuae concutiantur

....

c. qui te, propter praeuaricationem Euae, uolunt contemptibilem esse.

....

d. Nam tu acumen huius profunditatis ab homine non capis,

....

e. sed a superno et tremendo iudice illud desuper accipis,

....

f. ubi praeclara luce haec serenitas inter lucentes fortiter lucebit.

....

Banque de mots

dilato, as, are, avi, atum	*élargir, s'étendre, se répandre*	**praevaricatio, onis** (f.)	*collusion, faute, transgression*
effluo, is, ere, fluxi, Ø	*s'écouler, se fondre*	**contemptibilis, e**	*méprisable*
effusio, onis (f.)	*épanchement, écoulement*	**acumen, inis** (n.)	*finesse d'esprit, pénétration*
irrigatio, onis (f.)	*bain, irrigation*	**desuper**	*au-dessus*
concutio, is, ere, cussi, cussum	*secouer, ébranler*	**praeclarus, a, um**	*éclatant, brillant, étincelant*
		serenitas, atis (f.)	*sérénité*

Le latin de la Renaissance

Le latin de la Renaissance se caractérise, pour simplifier, par un « retour » à l'éloquence cicéronienne, pour la prose, et par un renouveau du vers classique en poésie. C'est souvent une surenchère : les auteurs tiennent à montrer qu'ils maîtrisent parfaitement les subtilités oratoires ou rythmiques de la langue classique, quitte à en rajouter dans l'effet. Ainsi se crée une sorte de « superlatin », qui cherche aussi bien à oublier le latin de la scolastique médiévale qu'à dépasser ses modèles.

8 Joachim du Bellay s'est livré avec virtuosité à l'exercice de l'élégie latine. Le voici qui se lamente en termes ovidiens sur l'exil de la patrie. Une occasion de réviser vos subjonctifs en même temps que le vocabulaire de l'espace ! Traduisez les six vers suivants extraits de son *Patriae desiderium*, *Regret de la patrie*. Attention, le lexique qui n'est pas donné doit être deviné.

a. Non mihi saxea sunt durove rigentia ferro

....

b. Pectora, nec tigris nec fuit ursa parens,

....

c. Ut dulci patriae durus non tangar amore,

....

d. Totque procul menses exul esse velim.

....

e. Quid namque exilium est aliud quam sidera nota

....

f. Quam patriam et proprios deseruisse lares?

....

Banque de mots

saxeus, a, um	*de pierre*
rigeo, es, ere, Ø, Ø	*se raidir, être rigide, dur*
pectus, oris (n.)	*poitrine, cœur* (le plus souvent au pluriel en ce sens)
tango, is, ere, tetigi, tactum	*toucher*
notus, a, um	*connu, familier*
desero, is, ere, ui, desertum	*se séparer, quitter*

9 **Un des grands restaurateurs du latin cicéronien fut Érasme, l'immense humaniste. Voici comment il s'amuse à caractériser le mariage dans l'*Éloge de la folie*. Vous constaterez que certains clichés ont la vie dure. C'est bien sûr la Folie qui parle.**

a. Deum immortalem!

....

b. Quae non divortia, aut etiam divortiis deteriora passim acciderent,

....

c. nisi viri feminaeque domestica consuetudo, per adulationem, per iocum, per facilitatem, errorem, dissimulationem, meum utique satellitium, fulciretur alereturque?

....

....

....

d. Papae! Quam pauca coirent matrimonia,

....

e. si sponsus prudenter exquireret quos lusus delicata illa sicuti videtur,

....

....

f. ac pudens virguncula iam multo ante nuptias luserit?

....

Banque de mots

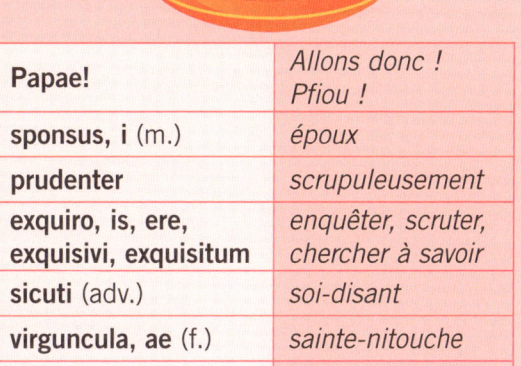

adulatio, onis (f.)	*flatterie*
iocum, ii (n.)	*plaisanterie*
facilitas, atis (f.)	*facilité*
error, erroris (m.)	*erreur*
dissimulatio, onis (f.)	*résultat*
satellitium, ii (n.)	*auxiliaire, aide*
utique (adv.)	*quoi qu'il en soit, pour ainsi dire*
fulcio, is, ire, fulsi, fultum	*soutenir, étayer*
alo, is, ere, alui, altum	*nourrir*

Papae!	*Allons donc ! Pfiou !*
sponsus, i (m.)	*époux*
prudenter	*scrupuleusement*
exquiro, is, ere, exquisivi, exquisitum	*enquêter, scruter, chercher à savoir*
sicuti (adv.)	*soi-disant*
virguncula, ae (f.)	*sainte-nitouche*
pudens, entis	*prude, pudique*
ludo, is, ere, lusi, lusum	*jouer*

10 **Avec Francis Bacon et Descartes, le latin entre dans l'ère de la rationalité moderne. Voici tout d'abord une belle définition de l'homme par Bacon, qui met en parallèle la main et l'esprit. Le vocabulaire en est très simple : hormis *ciere*, le reste se devine ou a été vu.**

a. Nec manus nuda, nec intellectus sibi permissus, multum valet;

....

b. instrumentis et auxiliis res perficitur;

....

c. quibus opus est, non minus ad intellectum, quam ad manum.

....

d. Atque ut instrumenta manus motum aut cient aut regunt,

....

e. ita et instrumenta mentis intellectui aut suggerunt aut cavent.

....

Banque de mots

cieo, es, ere, civi, citum	*mettre en mouvement*
divello, is, ere, divelli, divulsum	*séparer, arracher*
nequeo, is, ire, ii, itum	*ne pas pouvoir*
nempe (adv.)	*n'est-ce pas, indéniablement*

11 « Je pense, donc je suis. » Et bien sûr, voici le grand moment du cogito dans les *Méditations métaphysiques* de Descartes : vous le constaterez, le texte ne dit nulle part *cogito, ergo sum*, mais c'est tout comme ! Là encore, le vocabulaire est assez courant, et vous retrouverez quelques adverbes de temps déjà rencontrés. Aidez-vous de la banque de mots en page 105.

a. Cogitare? Hic invenio, cogitatio est, haec sola a me divelli nequit, ego sum, ego existo, certum est.

....

....

b. Quamdiu autem? Nempe quamdiu cogito: nam forte etiam fieri posset, si cessarem ab omni cogitatione, ut illico totus esse desinerem.

....

....

12 Finissons sur un beau consensus, dans le latin conventionnel du... XXᵉ siècle. En 1998, Jean-Paul II lui-même cherche à réconcilier toute la culture humaine autour de quelques grandes questions, dans l'encyclique *Fides et Ratio*. Il va jusqu'à attribuer une déclinaison au Bouddha, tandis que Lao Tseu reste invariable... Nous vous laissons découvrir et traduire cette suite de grands noms propres au service de l'humanité.

a. Candidus intuitus veteres in annales luculenter aliunde demonstrat, variis in orbis regionibus, multiplici humano distinctis cultu,

....

....

b. exsistere eodem tempore principales illas interrogationes quibus vita designatur hominum:

....

....

c. « Quis egomet sum? Unde venio? Quoque vado? Cur mala adsunt? Quid nos manet hanc post vitam? »

....

....

d. Haec quaesita reperiuntur in sacris Israelis scriptionibus, at insunt etiam scriptis Veda necnon Avesta;

....

....

e. detegimus ea in operibus Confutii atque Lao-Tze, quemadmodum in praedicatione virorum Tirthankara ipsiusque Buddhae;

. . . .

. . . .

f. exsistunt similiter ex Homeri carminibus ac tragoediis Euripidis et Sophoclis, perinde ac philosophicis in Platonis et Aristotelis tractatibus.

. . . .

. . . .

Banque de mots

annales, ium (m. pl.)	*les annales, l'histoire*
aliunde (adv.)	*par ailleurs*
intuitus, us (m.)	*regard, coup d'œil*
luculenter (adv.)	*clairement, de manière brillante, lumineuse*
designo, as, are, avi, atum	*marquer, indiquer*
detego, is, ere, texi, tectum	*découvrir, mettre au jour*

Bravo, vous êtes venu à bout du chapitre 12 ! Il est maintenant temps de comptabiliser les icônes et de reporter le résultat en page 128 pour l'évaluation finale.

Annexes

Les déclinaisons

Première déclinaison
(génitif singulier en **-ae**) : **substantifs féminins**

	Singulier	Pluriel
N	puella	puellae
V	puella	puellae
A	puellam	puellas
G	puellae	puellarum
D	puellae	puellis
Ab	puella	puellis

Deuxième déclinaison
(génitif singulier en **-i**) : **substantifs masculins**

	Singulier	Pluriel
N	dominus	domini
V	domine	domini
A	dominum	dominos
G	domini	dominorum
D	domino	dominis
Ab	domino	dominis

Deuxième déclinaison :
substantifs neutres

	Singulier	Pluriel
N	templum	templa
V	templum	templa
A	templum	templa
G	templi	templorum
D	templo	templis
Ab	templo	templis

Adjectifs de première/deuxième déclinaison

	F. sing.	M. sing.	N. sing.	F. pl.	M. pl.	N. pl.
N	bona	bonus	bonum	bonae	boni	bona
V	bona	bone	bonum	bonae	boni	bona
A	bonam	bonum	bonum	bonas	bonos	bona
G	bonae	boni	boni	bonarum	bonorum	bonorum
D	bonae	bono	bono	bonis	bonis	bonis
Ab	bona	bono	bono	bonis	bonis	bonis

Troisième déclinaison (génitif singulier en **-is**) : **substantifs et adjectifs**
De type **civis**, **is**, *le citoyen*, et **fortis**, **e**, *courageux* (génitif pluriel en **-ium**)

	Singulier	F. et M. sing.	N. sing.	Pluriel	F. et M. pl.	N. pl.
N/V	civis	fortis	forte	cives	fortes	fortia
A	civem	fortem	forte	cives	fortes	fortia
G	civis	fortis	fortis	civium	fortium	fortium
D	civi	forti	forti	civibus	fortibus	fortibus
Ab	cive	forti	forti	civibus	fortibus	fortibus

De type **consul**, **is**, *le consul* et **vetus**, **us**, *vieux* (génitif pluriel en **-um**)

	Singulier	F. et M. sing.	N. sing.	Pluriel	F. et M. pl.	N. pl.
N/V	consul	vetus	vetus	consules	veteres	vetera
A	consulem	veterem	vetus	consules	veteres	vetera
G	consulis	veteris	veteris	consulum	veterum	veterum
D	consuli	veteri	veteri	consulibus	veteribus	veteribus
Ab	consule	vetere	vetere	consulibus	veteribus	veteribus

De type **mare**, **is**, *la mer*, et **prudens**, *avisé* (génitif pluriel en **-ium**, ab. sing. en **-i**)

	Singulier	F. et M. sing.	N. sing.	Pluriel	F. et M. pl.	N. pl.
N/V	mare	prudens	prudens	maria	prudentes	prudentia
A	mare	prudentem	prudens	maria	prudentes	prudentia
G	maris	prudentis	prudentis	marium	prudentium	prudentium
D	mari	prudenti	prudenti	maribus	prudentibus	prudentibus
Ab	mari	prudenti / e	prudenti	maribus	prudentibus	prudentibus

Quatrième déclinaison (génitif singulier en **-us**)

	F. et M. sing.	F. et M. pl.	N. sing.	N. pl.
N	manus	manus	cornu	cornua
V	manus	manus	cornu	cornua
A	manum	manus	cornu	cornua
G	manus	manuum	cornus	cornuum
D	manui	manibus	cornui	cornibus
Ab	manu	manibus	cornu	cornibus

Cinquième déclinaison (génitif singulier en **-ei**)

	Singulier	Pluriel
N	res	res
V	res	res
A	rem	res
G	rei	rerum
D	rei	rebus
Ab	re	rebus

Sixième déclinaison : pronoms et adjectifs de diverses sortes (génitif singulier en **-ius**)

Voici un exemple de pronom-adjectif démonstratif : **hic**, **haec**, **hoc**. **Iste**, **ille**, **is**, **idem** et **ipse** se déclinent sur ce tableau.

	M. sing.	F. sing.	N. sing.	M. pl.	F. pl.	N. pl.
N	hic	haec	hoc	hi	hae	haec
A	hunc	hanc	hoc	hos	has	haec
G	hujus	hujus	hujus	horum	harum	horum
D	huic	huic	huic	his	his	his
Ab	hoc	hac	hoc	his	his	his

Les pronoms personnels (déclinaison particulière)

	1re p. du sing.	2e p. du sing.	3e p. du sing. réfléchie	1re p. du pl.	2e p. du pl.	3e p. du pl. réfléchie
N	ego	tu	ø	nos	vos	ø
A	me	te	se	nos	vos	se
G	mei	tui	sui	nostri ou nostrum	vestri ou vestrum	sui
D	mihi	tibi	sibi	nobis	vobis	sibi
Ab	me	te	se	nobis	vobis	se

Les pronoms relatifs et pronoms-adjectifs interrogatifs

	M. sing.	F. sing.	N. sing.	M. pl.	F. pl.	N. pl.
N	qui / quis	quae	quod / quid	qui	quae	quae
A	quem	quam	quod / quid	quos	quas	quae
G	cujus	cujus	cujus	quorum	quarum	quorum
D	cui	cui	cui	quibus	quibus	quibus
Ab	quo	qua	quo	quibus	quibus	quibus

Les conjugaisons

Le verbe **être** : conjugaison complète
Sum, es, esse, fui, —

Indicatif et subjonctif : temps de l'*infectum*

	Indicatif présent	Subjonctif présent	Subjonctif imparfait	Indicatif imparfait	Indicatif futur
1re p. du sing.	sum	sim	essem	eram	ero
2e p. du sing.	es	sis	esses	eras	eris
3e p. du sing.	est	sit	esset	erat	erit
1re p. du pl.	sumus	simus	essemus	eramus	erimus
2e p. du pl.	estis	sitis	essetis	eratis	eritis
3e p. du pl.	sunt	sint	essent	erant	erunt

Indicatif et subjonctif : temps du *perfectum*

	Indicatif parfait	Indicatif plus-que-parfait	Indicatif futur antérieur	Subjonctif parfait	Subjonctif plus-que-parfait
1re p. du sing.	fui	fueram	fuero	fuerim	fuissem
2e p. du sing.	fuisti	fueras	fueris	fueris	fuisses
3e p. du sing.	fuit	fuerat	fuerit	fuerit	fuisset
1re p. du pl.	fuimus	fueramus	fuerimus	fuerimus	fuissemus
2e p. du pl.	fuistis	fueratis	fueritis	fueritis	fuissetis
3e p. du pl.	fuerunt	fuerant	fuerint	fuerint	fuissent

Infinitif, impératif, participe

	Infinitif	Participe	Impératif
Présent	esse	ø	es/este
Futur	fore / futurum esse	futurus, a, um	esto/estote
Parfait	fuisse	ø	ø

Les formes de l'*infectum*

Infinitifs et indicatifs présents actifs

Inf. présent actif	**amare,** *aimer*	**delere,** *détruire*	**audire,** *entendre*	**capere,** *prendre*	**mittere,** *envoyer*
1re p. du sing.	amo	deleo	audio	capio	mitto
2e p. du sing.	amas	deles	audis	capis	mittis
3e p. du sing.	amat	delet	audit	capit	mittit
1re p. du pl.	amamus	delemus	audimus	capimus	mittimus
2e p. du pl.	amatis	deletis	auditis	capitis	mittitis
3e p. du pl.	amant	delent	audiunt	capiunt	mittunt

Infinitifs et indicatifs présents passifs

Inf. présent passif	**amari,** *être aimé*	**deleri,** *être détruit*	**audiri,** *être entendu*	**capi,** *être pris*	**mitti,** *être envoyé*
1re p. du sing.	amor	deleor	audior	capior	mittor
2e p. du sing.	amaris/ amare	deleris/ delere	audiris/ire	caperis/ere	mitteris/ere
3e p. du sing.	amatur	deletur	auditur	capitur	mittitur
1re p. du pl.	amamur	delemur	audimur	capimur	mittimur
2e p. du pl.	amamini	delemini	audimini	capimini	mittimini
3e p. du pl.	amantur	delentur	audiuntur	capiuntur	mittuntur

Indicatif imparfait actif

1re p. du sing.	amabam	delebam	audiebam	capiebam	mittebam
2e p. du sing.	amabas	delebas	audiebas	capiebas	mittebas
3e p. du sing.	amabat	delebat	audiebat	capiebat	mittebat
1re p. du pl.	amabamus	delebamus	audiebamus	capiebamus	mittebamus
2e p. du pl.	amabatis	delebatis	audiebatis	capiebatis	mittebatis
3e p. du pl.	amabant	delebant	audiebant	capiebant	mittebant

Indicatif imparfait passif

1re p. du sing.	amabar	delebar	audiebar	capiebar	mittebar
2^e p. du sing.	amabaris/are	delebaris/are	audiebaris/are	capiebaris/are	mittebaris/are
3^e p. du sing.	amabatur	delebatur	audiebatur	capiebatur	mittebatur
1re p. du pl.	amabamur	delebamur	audiebamur	capiebamur	mittebamur
2^e p. du pl.	amabamini	delebamini	audiebamini	capiebamini	mittebamini
3^e p. du pl.	amabantur	delebantur	audiebantur	capiebantur	mittebantur

Indicatif futur actif

1re p. du sing.	amabo	delebo	audiam	capiam	mittam
2^e p. du sing.	amabis	delebis	audies	capies	mittes
3^e p. du sing.	amabit	delebit	audiet	capiet	mittet
1re p. du pl.	amabimus	delebimus	audiemus	capiemus	mittemus
2^e p. du pl.	amabitis	delebitis	audietis	capietis	mittetis
3^e p. du pl.	amabunt	delebunt	audient	capient	mittent

Indicatif futur passif

1re p. du sing.	amabor	delebor	audiar	capiar	mittar
2^e p. du sing.	amaberis/ere	deleberis/ere	audieris/ere	capieris/ere	mitteris/ere
3^e p. du sing.	amabitur	delebitur	audietur	capietur	mittetur
1re p. du pl.	amabimur	delebimur	audiemur	capiemur	mittemur
2^e p. du pl.	amabimini	delebimini	audiemini	capiemini	mittemini
3^e p. du pl.	amabuntur	delebuntur	audientur	capientur	mittentur

Les formes du *perfectum*

Indicatif parfait actif

Infinitif parfait actif	amavisse	delevisse	audivisse	cepisse	misisse
1re p. du sing.	amavi	delevi	audivi	cepi	misi
2e p. du sing.	amavisti	delevisti	audivisti	cepisti	misisti
3e p. du sing.	amavit	delevit	audivit	cepit	misit
1re p. du pl.	amavimus	delevimus	audivimus	cepimus	misimus
2e p. du pl.	amavistis	delevistis	audivistis	cepistis	misistis
3e p. du pl.	amaverunt/ vere	deleverunt/ vere	audiverunt/ ere	ceperunt/ ere	miserunt/ ere

Indicatif parfait passif

1re p. du sing.	amatus, a, um sum	deletus, a, um sum	auditus, a, um sum	captus, a, um sum	missus, a, um sum
2e p. du sing.	amatus, a, um es	deletus, a, um es	auditus, a, um es	captus, a, um es	missus, a, um es
3e p. du sing.	amatus, a, um est	deletus, a, um est	auditus, a, um est	captus, a, um est	missus, a, um est
1re p. du pl.	amati, ae, a sumus	deleti, ae, a sumus	auditi, ae, a sumus	capti, ae, a, sumus	missi, ae, a sumus
2e p. du pl.	amati, ae, a estis	deleti, ae, a estis	auditi, ae, a estis	capti, ae, a, estis	missi, ae, a estis
3e p. du pl.	amati, ae, a sunt	deleti, ae, a sunt	auditi, ae, a sunt	capti, ae, a, sunt	missi, ae, a sunt

Indicatif plus-que-parfait et futur antérieur actifs

La formation étant parfaitement homogène pour tous les groupes, deux exemples suffisent : un radical de ***perfectum*** « régulier », **amav-** ; un radical « irrégulier », **cep-**.

	Plus-que-parfait	Futur antérieur	Plus-que-parfait	Futur antérieur
1re p. du sing.	Amaveram	Amavero	Ceperam	Cepero
2e p. du sing.	Amaveras	Amaveris	Ceperas	Ceperis
3e p. du sing.	Amaverat	Amaverit	Ceperat	Ceperit
1re p. du pl.	Amaveramus	Amaverimus	Ceperamus	Ceperimus
2e p. du pl.	Amaveratis	Amaveritis	Ceperatis	Ceperitis
3e p. du pl.	Amaverant	Amaverint	Ceperant	Ceperint

Indicatif plus-que-parfait et futur antérieur passifs

	Plus-que-parfait	Futur antérieur	Plus-que-parfait	Futur antérieur
1re p. du sing.	amatus eram	amata ero	captus eram	capta ero
2e p. du sing.	amatus eras	amata eris	captus eras	capta eris
3e p. du sing.	amatus erat	amata erit	captus erat	capta erit
1re p. du pl.	amati eramus	amatae erimus	capti eramus	captae erimus
2e p. du pl.	amati eratis	amatae eritis	capti eratis	captae eritis
3e p. du pl.	amati erant	amatae erunt	capti erant	captae erunt

Subjonctif

Pour mettre en valeur les changements de suffixe et de radical, trois verbes ont été choisis comme exemples : **amare**, **capere**, **legere**.

• À la voix active : **amare**

	Présent	Imparfait	Parfait	Plus-que-parfait
1re p. du sing.	amem	amarem	amaverim	amavissem
2e p. du sing.	ames	amares	amaveris	amavisses
3e p. du sing.	amet	amaret	amaverit	amavisset
1re p. du pl.	amemus	amaremus	amaverimus	amavissemus
2e p. du pl.	ametis	amaretis	amaveritis	amavissetis
3e p. du pl.	ament	amarent	amaverint	amavissent

• À la voix active : **capere**

	Présent	Imparfait	Parfait	Plus-que-parfait
1re p. du sing.	capiam	caperem	ceperim	cepissem
2e p. du sing.	capias	caperes	ceperis	cepisses
3e p. du sing.	capiat	caperet	ceperit	cepisset
1re p. du pl.	capiamus	caperemus	ceperimus	cepissemus
2e p. du pl.	capiatis	caperetis	ceperitis	cepissetis
3e p. du pl.	capiant	caperent	ceperint	cepissent

- À la voix passive : **amari**

	Présent	Imparfait	Parfait	Plus-que-parfait
1re p. du sing.	amer	amarer	amatus sim	amata essem
2e p. du sing.	ameris *ou* amere	amareris *ou* amarere	amatus sis	amata esses
3e p. du sing.	ametur	amaretur	amatus sit	amata esset
1re p. du pl.	amemur	amaremur	amati simus	amatae essemus
2e p. du pl.	amemini	amaremini	amati sitis	amatae essetis
3e p. du pl.	amentur	amarentur	amati sint	amatae essent

- À la voix passive : **legi**

	Présent	Imparfait	Parfait	Plus-que-parfait
1re p. du sing.	legar	legerer	lecta sim	lectus essem
2e p. du sing.	legaris *ou* legare	legereris *ou* legerere	lecta sis	lectus esses
3e p. du sing.	legatur	legeretur	lecta sit	lectus esset
1re p. du pl.	legamur	legeremur	lectae simus	lecti essemus
2e p. du pl.	legamini	legeremini	lectae sitis	lecti essetis
3e p. du pl.	legantur	legerentur	lectae sint	lecti essent

Impératif présent actif

2e p. du sing.	ama	dele	audi	cape	mitte
2e p. du pl.	amate	delete	audite	capite	mittite

Impératif présent passif

2e p. du sing.	amare	delere	audire	capere	mittere
2e p. du pl.	amamini	delemini	audimini	capimini	mittimini

Les formes déclinables du verbe

La déclinaison de l'infinitif (le gérondif)

N	amare	delere	audire	capere	mittere
A	amare *ou* amandum	delere *ou* delendum	audire *ou* audiendum	capere *ou* capiendum	mittere *ou* mittendum
G	amandi	delendi	audiendi	capiendi	mittendi
D	amando	delendo	audiendo	capiendo	mittendo
Ab	amando	delendo	audiendo	capiendo	mittendo

La déclinaison de l'adjectif verbal (avec un mélange de verbes en exemple)

	M. sing. sur **amare**	F. sing. sur **delere**	N. sing. sur **audire**	M. pl. sur **capere**	F. pl. sur **mittere**	N. pl sur **amare**
N	amandus	delenda	audiendum	capiendi	mittendae	amanda
A	amandum	delendam	audiendum	capiendos	mittendas	amanda
G	amandi	delendae	audiendi	capiendorum	mittendarum	amandorum
D	amando	delendae	audiendo	capiendis	mittendis	amandis
Ab	amando	delenda	audiendo	capiendis	mittendis	amandis

Le mode participe

participe présent actif	amans, amantis	delens, delentis	audiens, audientis	capiens, capientis	mittens, mittentis
participe passé passif	amatus, a, um	deletus, a, um	auditus, a, um	captus, a, um	missus, a, um

1. L'ordre des mots en latin – Révisions morphologiques

a. Titus amat Berenicen.
b. Titum amat Berenice.

a. Titus Berenicen amat.
b. Amat Berenicen Titus.
c. Amat Titus Berenicen.
d. Berenicen Titus amat.
e. Berenicen amat Titus.

Inde Berenicen reginam ab urbe Titus Caesar statim dimisit, invitus invitam.

a. Le sénat convoqué, le consul prononça un excellent discours.
b. Excellent fut le discours du consul, devant les sénateurs convoqués.
c. Un effort acharné triomphe de tout.
d. Acharné, l'effort triomphe de tout.

a. multorum G pl.
b. mensium G pl.
c. labor N sg.
d. hostium G pl.
e. perfidia Ab sg.
f. vi Ab sg.
g. tempestatis G sg.
h. puncto Ab sg.
i. temporis G sg.

a. multorum mensium labor
b. hostium perfidia / vi tempestatis
c. puncto temporis

Ainsi, l'effort de tant de mois, par la traîtrise des ennemis et la violence d'un orage, disparut en un instant.

Ainsi, la traîtrise des ennemis et la violence d'un orage détruisirent l'effort de tous ces mois en un instant.

a. radical
b. suffixe
c. désinence
d. suffixe
e. morphologie
f. désinence
g. radical
h. suffixe
i. morphologie
j. désinence

Forme	Conjuguée ou déclinée ?	Active ou passive ?	Indicatif ou subjonctif ?	Infectum ou perfectum ?
a. legamus	conjuguée	active	subjonctif	infectum
b. vocantem	déclinée	active	ø	ø
c. amaverim	conjuguée	active	subjonctif	perfectum
d. tulisti	conjuguée	active	indicatif	perfectum
e. duco	conjuguée	active	indicatif	infectum
f. ducto	déclinée	passive	ø	ø
g. agitur	conjuguée	passive	indicatif	infectum
h. facias	conjuguée	active	subjonctif	infectum
i. amatis	conjuguée	active	indicatif	infectum
j. amatis	déclinée	passive	ø	ø

2. Le subjonctif

a. plus-que-parfait, 3e sg.
b. imparfait, 3e pl.
c. présent, 2e sg.
d. parfait, 1re pl.
e. présent, 2e pl.
f. imparfait, 1re sg.
g. plus-que-parfait, 2e sg.
h. imparfait, 2e sg.
i. présent, 3e pl.
j. plus-que-parfait, 1re pl.

a. audiverunt
b. amare
c. capiat
d. amamus
e. monerem
f. legerunt
g. amaret
h. monuisse
i. audiam
j. cepit

La forme...	... est au mode...	... et se transpose...
a. amo	indicatif	amem
b. ceperit	subjonctif	cepit
c. audiat	subjonctif	audit
d. moneres	subjonctif	monebas
e. legimus	indicatif	legamus
f. amavissetis	subjonctif	amaveratis
g. caperet	subjonctif	capiebat
h. legebant	indicatif	legerent
i. audivi	indicatif	audiverim
j. monebatis	indicatif	moneretis

La forme du verbe *être* à l'indicatif…	… se transpose au subjonctif…
a. sumus	simus
b. eram	essem
c. fuit	fuerit
d. fuerant	fuissent
e. fui	fuerim
f. eramus	essemus
g. es	sis
h. erant	essent
i. fuerunt	fuerint
j. fueras	fuisses

5

La forme à la voix active…	… donne à la voix passive…
a. amavisset	amatus esset
b. legerent	legerentur
c. capias	capiaris
d. audiverimus	auditi simus
e. moneatis	moneamini
f. amarem	amarer
g. cepisses	captus esses
h. audires	audireris
i. legant	legantur
j. monuissemus	moniti essemus

6

a. Quel poète tu aurais pu être !
b. César, Cornelia ne te semble pas malade, par hasard ?
c. Si seulement nous avions traité Spartacus correctement…
d. Allons !
e. Les fuyards auraient été capturés par Crassus.

7

a. comitatus sis
b. acclamet
c. venderetur
d. ambulavissent
e. biberitis

8

a. impératif
b. impératif
c. subjonctif
d. subjonctif
e. subjonctif
f. subjonctif
g. subjonctif

9

a. Ingredite vel exite, sed ne fores clauseritis.
b. Timeat Tarquinius potestatem veritatis.
c. Ne Romani Tarquinorum potestatem timuerint.
d. Ne panem nimium coxeris.
e. Thermas eamus.

3. La phrase conditionnelle

a. Subjonctif plus-que-parfait
b. Indicatif présent
c. Subjonctif présent
d. Indicatif futur

2

a. Si Homère n'était pas aveugle, il a très bien pu écrire l'*Iliade* tout seul.
b. Que Claude soit né à Lyon ou à Arles, il n'en fut pas moins empereur.
c. Quand bien même tu irais en litière de Rome à Ostie, tu arriverais en retard.
d. Du moment que les Germains n'ont pas franchi le Rhin, il y a de l'espoir.

3

a. nisi
b. sive
c. etiamsi
d. dummodo

4

1. fuerit
2. scripserit
3. natus est
4. fuit
5. ibis
6. eris.
7. transierint
8. est

5

a. Si istam potionem bibis, avium modo volas.
b. Si istam potionem bibes, avium modo volabis.
c. Si istam potionem bibisti, avium modo volavis.
d. Si istam potionem bibas, avium modo voles.
e. Si istam potionem biberes, avium modo volares.
f. Si istam potionem bibisses, avium modo volavisses.

6

a. Si quid te vetaret bene vivere, bene mori non vetaret.
b. Si quis discere non gaudeat, non docere etiam gaudeat.
c. Si cuius iniuriae viri boni meminissent, ignoscerent.

a. Si quelque chose t'empêchait de bien vivre, que cela ne t'empêche pas de bien mourir.
b. Si quelqu'un n'aime pas apprendre, il n'aime pas non plus enseigner.
c. Si des gens honnêtes se souvenaient d'une offense, ils la pardonneraient.

a. nasus Cleopatrae   **b.** brevior
c. fuisset   **d.** forma orbis terrarum
e. versa esset

9

Si Cleopatrae nasus brevior fuisset, omnis orbis terrarum forma versa esset.

4. La subordonnée au subjonctif – La concordance des temps – Le discours indirect

a. « Dès que commença l'éruption du Vésuve » est une temporelle
b. « qui engloutit Pompéi » est une relative
c. « se rapprocher du volcan » est une complétive
d. « parce que la curiosité lui importait plus » est une causale
e. « s'il voulait l'accompagner » est une conditionnelle
f. « alors même que le jeune homme voyait » est une concessive
g. « sa mère s'inquiéter » est une complétive
h. « Comme il se trouvait pris entre deux feux » est une causale
i. « auquel tous faisaient confiance » est une relative
j. « que le danger lui semblait imminent » est une complétive

a. Dès que les Siciliens eurent dédié le temple, les Phéniciens le détruisirent.
b. Claude, comme il est boiteux, est tombé.
c. Le discours d'Hortensius aujourd'hui n'est pas comme d'habitude.
d. Comme ils sont malades, ces chevaux !
e. Lutèce n'apparaît pas comme tu me l'as écrit.

3

a. circonstancielle (but)
b. comparative
c. complétive
d. circonstancielle (manière)
e. circonstancielle (but)

a. afin qu'ils signent un traité
b. en bon guerriers
c. que tous les traités des Romains étaient des mensonges
d. qu'il fit incendier tout le blé
e. afin que les cités manquent de nourriture

a. conveniet ut / adeo ut
b. est ut / ita ut
c. evenit ut / usque eo ut
d. ut fit / majus quam ut
e. tantum abest ut / eodem modo ut

a. Mater mihi timet ne larvae veniant.
b. Veneruntne larvae?
c. Ne veneritis, larvae!
d. Filius domum exstruit ne larvae veniant.

7

a. ne   **b.** ut   **c.** ut
d. ut / ne   **e.** ne

a. Tout citoyen de Sicile veut empêcher Verrès de lui voler son bien.
b. Le général craint que les ambassadeurs allobroges ne viennent finalement pas.
c. Pour une bonne récolte, il faut rendre un culte à Cérès.
d. En bon paysan, Tityre évitait la conversation des citadins.
e. Troyens, ne faites pas de cadeaux aux Grecs !

a. Vitate ne molam salsam in altaria spargatis.
b. Plinius Major dubitat quin ultra Oceanum quicquid sit.
c. Plinius Minor veretur ne ultra Oceanum quicquam sit.
d. Pius Aeneas censet ut dei nos curent.
e. Impia Medea recusat ne dei nos curent.
f. Pix facta est ut naves induantur.
g. Pix facta est quo naves citius eant.

a. Évitez de répandre la farine sur les autels.
b. Pline l'Ancien doute qu'il y ait quoi que ce soit au-delà de l'Océan.
c. Pline l'Ancien craint qu'il n'y ait quelque chose au-delà de l'Océan.

d. Le pieux Énée pense que les dieux se soucient de nous.
e. Médée l'impie affirme que les dieux ne se soucient pas de nous.
f. On a inventé la poix pour enduire les bateaux.
g. On a inventé la poix pour que les bateaux aillent plus vite.

5. Le temps : subordonnée avec *cum*, subordonnées temporelles proprement dites, concordance des temps

a. Comme le lion était pris, le rat rongea le filet.
b. Alors que le lion avait été pris, le rat rongea le filet.
c. Bien que le lion soit pris, le rat ne ronge pas le filet.
d. Parce qu'Athènes jouissait de lois égalitaires, une excessive liberté corrompit la cité.

a. Cum Plinii scriptor tabulas non jam haberet, in libro scripsit.
b. Cum sit panis, nuces Marius edit.
c. Augustinus certe Monicam sanctam putabat, cum mater esset.

a. cum maxime
b. cum… tum
c. cum… tum
d. cum maxime
e. fuit tempus cum

a. Cette espèce d'orateur est non seulement ignorant, mais surtout paresseux.
b. Mon fils, tu as entendu comme les chiens ont aboyé ?
c. Au moment où l'énorme poisson sortait de l'eau, l'empereur Domitien le vit.
d. Les peuples du nord manquent de lois, et spécialement les Germains.
e. Autrefois, pendant l'âge d'or, les hommes ne faisaient jamais la guerre.

a. Ce chat gourmand mangerait le poisson avant qu'on le cuisine !
b. Le chien faisait le siège de la cuisine jusqu'à ce qu'on ait tout mangé.
c. Tout citoyen devient sénateur après avoir rempli une charge publique.
d. Catilina ! Jusqu'à quand abuseras-tu de notre patience ?
e. Qu'ils me haïssent, du moment qu'ils me craignent !

a. ils entendirent
b. j'aurai pris
c. elle avait averti
d. vous eûtes
e. nous avions été aimés
f. vous avez été aimées
g. ils auront lu
h. elle avait pris
i. j'aurai été pris
j. tu as été entendue

1. exhausti eramus / exhausti erimus
2. pugnaveramus / pugnaverimus
3. occisi erant / occisi erunt
4. absumpti erant / absumpti erunt
5. perierat / perierit
6. lectus erat / lectus erit
7. captus erat / captus erit
8. redierant / redierunt
9. lecti erant / lecti erunt
10. superfuerat / superfuerit

a. Marius demanda à Sylla s'il allait continuer longtemps les proscriptions.
b. Domitien déclara qu'il voulait ce turbot.
c. Les historiens s'étaient demandé si, puisqu'Ovide avait été exilé, il avait vu ce qu'il n'aurait pas dû voir.
d. Tertullien aurait voulu que toutes les chrétiennes se couvrent la tête.
e. Ovide espérait que toutes les Romaines se coifferaient avec art.

Que les cheveux ne soient pas sans loi ; les mains en mouvement donnent forme et la retirent.

a. Ovidius feminas rogat ut sint cum lege capilli.
b. Ovidius feminas rogat ut fuerint cum lege capilli.
c. Ovidius feminas rogabat ut essent cum lege capilli.
d. Ovidius feminas rogabat ut fuissent cum lege capilli.

6. Le temps, suite : vocabulaire et représentation

1. contempler
2. tome
3. tome
4. intempestive
5. printemps
6. tempérés
7. atomique

J'avais tout mon temps pour lire, mais je fus interrompu prématurément quand un esclave vint m'annoncer au dernier moment que des invités arrivaient à la maison tout à coup, et mes petits-enfants en même temps. Un moment peu propice à la lecture !

a. Moi aujourd'hui, toi demain.
b. Toutes les heures blessent, la dernière tue, tu ignores la tienne.
c. Mais entre-temps s'enfuit, s'enfuit le temps irrémédiablement.
d. Celui qui n'était rien hier sera demain le plus grand.
e. Aujourd'hui plus qu'hier et bien moins que demain
f. Quel moment ! Quelles mœurs !

a. Le voici le héros, le voici, César Auguste fils d'un dieu, qui rétablira l'âge d'or !
b. Accorde-moi un peu d'attention, et accepte un instant les réflexions d'un homme mesuré.

a. Vera aestates autumnosque videbo cumque veniet semper nivea hiems…
b. Vale, lux nobis tam brevium aestatum candida !

a. Cras, ad primam horam, dum candescunt rura, proficiscar.
b. Diu prima nocte cubui.

a. Qu'est-ce donc que le temps ?
b. Si personne ne me le demande, je sais ; si je veux l'expliquer à qui me le demande, je l'ignore.
c. J'affirme néanmoins fermement que je sais ceci : que si rien ne passait, il n'y aurait pas de temps passé, et si rien n'advenait, il n'y aurait pas de temps futur et si rien n'était, il n'y aurait pas de temps présent.
d. Donc, ces deux temps, le passé et le futur, comment existent-ils, puisque ce qui est passé n'est déjà plus et que le futur n'est pas encore ?
e. Or, le présent, s'il l'était toujours et s'il ne se transformait en passé, ce ne serait plus le temps, mais l'éternité.

7. L'espace

a. Nunc in Carthagine Lucius est, at Massiliae habitat.
b. Frigetur ruri, domi caletur.
c. Tusco rure calemus, at in villis fontes fiunt.
d. Cum res publica esset Romae, consules domi militiaeque imperabant.

a. Romam
b. Castris / Lutetiam
c. Carthagine / Massiliam
d. Hispaniam omnem

a. supra   **b.** a / ad
c. e / extra   **d.** in / ad
e. pone / praeter   **f.** circum

a. Les aigles volent au-dessus des montagnes.
b. De Marseille à Arles, nous avons marché cinquante milles.
c. Eumolpe fut expulsé du bar passablement saoul, et il passa la nuit dehors.
d. Le tribun de la plèbe se tenait en plein forum quand tout à coup, son plus grand ennemi monta à la tribune.
e. Ne passe pas derrière un cheval, mais toujours devant.
f. Les enfants s'assirent autour du foyer, car la nuit était glaciale.

a. praeterire   **b.** ingredi
c. subjicere / subire   **d.** advenire / adgredi
e. congredi / evenire   **f.** convenire / progredi
g. trajicere / transgredi   **h.** adjicere / abjicere

a. subierunt   **b.** progredietur
c. ejiciuntur   **d.** redibis
e. convenite   **f.** evenit / trajiciebam
g. abire / congrediemur   **h.** adjecit / prodiebam

a. Ubi Milo habitavit?
b. Unde elephantes isti descendunt?
c. Qua transiere mures?
d. Ubi congressi sunt Trimalchio hospitesque omnes?
e. Ubi requiescebat Hadrianus?
f. Quo Hadrianus advenit?

8

a. En exil, Milon habitait Marseille.
b. En vérité, ces éléphants descendent des Alpes !
c. Les rats sont passés par le moulin.
d. Trimalchion et tous ses invités se sont retrouvés dans la salle à manger.
e. L'empereur Hadrien se reposait à Tivoli.
f. L'empereur Hadrien arrive à sa villa de Tivoli.

9

1. Il y avait en tout et pour tout deux trajets par lesquels les Helvètes pouvaient sortir de chez eux :
2. le premier, étroit et difficile, passait par le territoire des Séquanes, entre le Jura et le Rhône, où même des chars en file indienne seraient à peine passés ;
3. qui plus est, un haut sommet le dominait, ce qui suffisait à quelques hommes pour le barrer.
4. L'autre passait par notre province, beaucoup plus aisé et rapide, surtout parce que, à la frontière entre les Helvètes et les Allobroges, pacifiés depuis peu, le Rhône se montre guéable en de nombreux points.
5. La dernière forteresse des Allobroges est très proche de la frontière helvète : c'est Genève.
6. De cette place forte, un pont permet d'atteindre l'Helvétie.
7. On achève les préparatifs du départ ; on décide du jour, date à laquelle tout le monde se retrouve au bord du Rhône.
8. César, dès qu'on lui annonce qu'ils s'apprêtent à traverser notre province, quitte Rome en hâte, rejoint la Gaule cisalpine aussi vite que possible et parvient à Genève.

8. L'espace, suite. *Domus, urbs, orbis*

1. tabernae	**2.** vestibulum
3. impluvium	**4.** cubicula
5. tablinum	**6.** postica
7. atrium	**8.** triclinium
9. alae	

1. tablini	**2.** fauces
3. atriis	**4.** tablini
5. alarum	**6.** fores
7. compluvii	**8.** atrii
9. atrii	

3

a. Conjecturer en partant de chez soi.
b. Il faut rester à la maison.
c. Les choses de Milet, chez vous mais pas ici.
d. Quand tu fais une maison, ne néglige pas les finitions.
e. La maison qu'on aime est la meilleure maison.
f. Il combat chez lui, comme le coq.
g. Avoir cela chez soi.
h. Certes, on a ça à la maison.

4

a. Néanmoins, il ne lui reste que la salle de bains, la terrasse et le colombier.
b. Cette maison me plaît vraiment, d'abord parce que le carrelage du portique est du plus bel effet ;
c. Il me semble que le carrelage est posé correctement ; il y a des chambres qui ne m'allaient pas, je les ai fait changer.
d. On me dit que tu as écrit pour qu'on aménage un petit atrium à un endroit du portique, mais je trouve l'endroit mieux tel qu'il est ;
e. Dans les bains : j'ai fait déplacer les étuves dans un autre coin des vestiaires, parce qu'elles étaient placées de telle manière que leur chauffe-eau serait passé sous les chambres.
f. Diphile n'a disposé les colonnes ni droites ni alignées : il va les démolir bien sûr…

5

a. La voie Appia part du Grand Cirque et continue le long des thermes de Caracalla.
b. Le forum romain est délimité par le Tibre, et par les collines du Capitole, du Palatin et de l'Aventin.
c. Aujourd'hui, la voie sacrée traverse le forum, de l'arc de Titus à l'arc de Septime Sévère.
d. Il faut traverser le Tibre si on veut se rendre au Janicule.
e. L'amphithéâtre flavien, appelé au Moyen Âge Colisée, se tient au pied de l'Esquilin.

6

a. Via Appia	**b.** Tiberis
c. Fora Romae	**d.** Ianiculum
e. Amphitheatrum Flavianum	**f.** Arcus Titi
g. Arcus Septimi	

7

a. Eh bien moi, je préfère Procida à Subure !
b. C'est vide et pauvre, d'accord,
c. mais ça ne semblera jamais pire que la peur des incendies,
d. que tout ce qui tombe des toits sans arrêt, plus les mille dangers de cette ville de dingues
e. et… les poètes qui déclament au mois d'août !

8

a. Bretagne   **b.** Germanie
c. Belgique   **d.** Aquitaine
e. Lusitanie (Portugal)   **f.** Corse
g. Sardaigne   **h.** Sicile
i. Crète   **j.** Macédoine
k. Asie   **l.** Syrie
m. Judée   **n.** Arabie
o. Égypte

9

a. Lugdunensis   **b.** Narbonensis
c. Baetica   **d.** Mauretania
e. Africa proconsularis   **f.** Pontus
g. Iudaea   **h.** Thracia

10

Si quelqu'un montait dans le ciel, et contemplait la nature du monde et la beauté des étoiles, cette admiration lui serait amère ; et combien joyeuse au contraire, s'il avait quelqu'un à qui la raconter !

9. Récapitulons : Rome n'est plus dans Rome !

1

a. pereo, is, ire, ii, itum
b. tectum, i, n.
c. ambulatio, onis, f.
d. insulae, arum, f. pl.
e. silva, ae, f.
f. ager, agri, m.

2

a. egredior   **b.** parfait

3

a. adjectif verbal + est   **b.** Mundus

4

a. tecta, ambulationes   **b.** insulas

5

a. aurata   **b.** roseo Phoebo
c. pulcherrimo

6

a. circumeunt   **b.** metu
c. moenia

7

a. ut   **b.** in illo tempore

8

a. quorum en relatif de liaison
b. Brittanorum

9

a. facta est   **b.** de urbe Res publica

10

a. voluissem
b. rem grandiorem factam iri
c. mundum atque orbem

11

a. E Roma egressa Roma.
b. Pereunda, vel iam aequanda dimidio mundi.
c. Tecta, ambulationes, insulasque
d. auratas pulcherrimo roseo Phoebo
e. non jam metu circumeunt
f. ut in illo regum tempore haec moenia,
g. quorum magnam partem egomet juxta Germanorum silvas agrosque Brittanorum exstrui.
h. De urbe, Res publica.
i. Quam grandiorem sane, mundum, orbem totum factam iri voluissem.

10. Apprendre à traduire

1

a. Excellet
b. Medicus
c. Antiquae picturae
d. Sollertia
e. Cenatoria
f. Pugilatus
g. Pontes

2

a. manières
b. stratégie
c. grammaire

a. Le traité de l'amour fut écrit par Ovide.
b. Notre consul possédait beaucoup de qualités de corps et d'âme, mais l'avidité prenait toujours le pas.
c. Quant à moi, je considérerais que l'éloquence tient dans la pratique d'hommes très érudits.
d. Dans l'espace presque fermé de cette forêt, la cohorte romaine, selon la tactique phénicienne, est encerclée, les chevaux avec.
e. La peinture, la sculpture, et les autres artisanats ont le caractère achevé d'un ouvrage singulier : de même dans la nature tout entière, à un bien plus haut degré, il faut voir quelque chose de singulier et d'achevé.

a. Si parmi vous quelqu'un ignore comment séduire,
b. Qu'il lise cela : ce poème en fera un expert en amour !
c. Si le bateau se fait rapide, toutes voiles dehors, c'est du métier ;
d. Le char léger, c'est du métier ; conduire l'amour, c'est du métier !

a. non-agir
b. inaction
c. agent
d. acte
e. activité
f. agenda

a. Protée mène tout son troupeau à visiter les hautes montagnes.
b. Voici que Palinure, le pilote, s'avance lui-même…
c. On dit qu'Orphée par son chant faisait bouger les chênes.
d. Après des prières solennelles, Decius ajouta : je pousserai devant moi la crainte et la fuite, le meurtre et le massacre, colère des dieux infernaux !

a. Tibi rem age.
b. Que ferait Marcus Tullius sans son frère Quintus ? Il peut le remercier.
c. C'est Licinius Crassus qui institua les plaidoiries publiques.
d. Ces comédiens toscans auraient très bien joué, si leur flûtiste n'avait pas été malade.
e. Optimam causam orator egisset, nisi aeger fuisset.
f. Les vices d'Othon, qui sont sa seule gloire, ont mis le pouvoir sens dessus dessous, même lorsqu'il ne sévissait qu'en tant que conseiller de l'empereur.

1. Gaudentius, exécuteur des basses œuvres, brutal et borné,
2. avait pris l'affaire au sérieux et l'avait dénoncée à Rufinus,
3. qui était alors chef du protocole à la préfecture du prétoire,
4. un type toujours prêt au pire et bien connu pour sa foncière dépravation.

1. À la nuit tombée,
2. il sortit par la droite, prit un passage secret, inconnu des sentinelles, avec un seul compagnon,
3. couvert d'une fourrure ;
4. et parcourut les rues du camp.

1. Pendant ce temps, un ennemi qui savait du latin
2. avait poussé son cheval vers la butte ;
3. d'une voix forte,
5. à tous les déserteurs potentiels
6. il promet, au nom d'Arminius,
4. des femmes, des champs, et une prime de cent sesterces par jour.

11. La complexité en latin

a. 11
b. IX
c. 45
d. 64
e. CXCIV
f. 949
g. DCCXLIII
h. 498

1. cum / depellcbam
2. proposition circonstancielle de temps
3. sperabam, iudices
4. proposition principale
5. honoris / deprecatorem
6. proposition infinitive

a. in maximis periculis huius urbis atque imperi / circonstanciel de lieu
b. gravissimo atque acerbissimo rei publicae casu / circonstanciel de temps
c. socio atque adiutore consiliorum periculorumque meorum L. Flacco / circonstanciel d'accompagnement
d. caedem / vastitatem
e. a vobis, coniugibus, liberis vestris, a templis, delubris, urbe, Italia / d'attribution

a. Messieurs, **b.** j'espérais,
c. en ces temps où Rome et son commandement étaient plongés dans un péril extrême,
d. où le malheur qui s'abattait sur l'État atteignait une gravité insupportable,
e. en ces temps où Flaccus me fut un secours et un allié dans mes décisions comme dans les dangers où je m'exposais,

a. moi qui repoussais,
b. et le massacre loin de vous, de vos femmes, de vos enfants,
c. et la destruction loin de nos temples, loin des sanctuaires, loin de la ville et de l'Italie,
d. j'espérais, dis-je, seconder plus tard Lucius Flaccus dans sa conquête des charges publiques,
e. non le garantir du malheur !

a. On a beau dire une absurdité, un philosophe quelconque l'a déjà dite.
b. Personne ne regarde au bout de ses pieds, et ça scrute les étendues célestes !
c. Ne sois l'ami ni d'aucun ni de beaucoup.
d. Celui qui s'appartiendrait ne serait à personne.
e. À la guerre, on ne peut pas se tromper deux fois.
f. Être honnête pour rien, quelle plaie !
g. Le doute profite à l'accusé.
h. L'amour est amer.
i. Je frémis à ce souvenir.
j. Le sage est bien avec lui-même.
k. Manger, c'est être.

a. Il peut arriver beaucoup de choses grâce auxquelles un danger proche ou même pressant, ou bien s'arrête, ou bien cesse, ou bien s'abat sur un autre :
b. un incendie a pu faciliter une fuite ;
c. un glissement de terrain déposer ses victimes en douceur ;
d. le cou échapper au glaive quelquefois ;
e. d'aucuns ont survécu à leur bourreau.
f. Même le malheur est inconstant.
g. Arrivera ? N'arrivera pas ? En attendant, il n'est pas : imagine plus heureux.

a. Aper ne boit plus une goutte. À quoi ça me sert ?
b. Je loue ça chez l'esclave, pas chez l'ami !

a. Plus l'État était corrompu, plus on faisait de lois.
b. Alors Pompée, lors de son troisième consulat, fut choisi pour redresser les mœurs : mais ses remèdes étaient pires que les maux, il détruisait les lois dont il était l'instigateur, et défit par les armes ce que ses armes défendaient.
c. S'ensuivirent vingt années continues de guerre civile ; plus de règles, plus de droit ; les pires crimes restaient impunis, et l'honnêteté souvent causait votre perte.

12. Une petite histoire de la langue latine

a. hunc	**b.** sacer
c. regi	**d.** quos
e. calatorem	**f.** iumenta
g. capiat	**h.** iter
i. velut	**j.** neque
k. iusto	

2

a. qu'il soit maudit	**b.** au roi
c. le héraut	**d.** les bêtes attelées
e. qu'il prenne	**f.** juste

3

1. consulatu	**2.** civilia
3. omnium	**4.** rem
5. populique	**6.** merito
7. Augustus	**8.** aedium
9. corona	**10.** fixa

4

a. Hauts faits du divin Auguste
b. Au cours de mes sixième et septième consulats
c. après avoir mis fin à la guerre civile,
d. moi qui détenais tous les pouvoirs par l'assentiment de tous,
e. j'ai transmis l'État à disposition du sénat et du peuple romain, à partir de ma propre puissance.
f. En récompense de mon mérite, je fus appelé Auguste par un décret du sénat.
g. Les montants de mon palais furent revêtus de laurier par décision publique, et une couronne civique fut clouée sur ma porte.

a. Je suis un abbé de Cocagne
b. et mon abbaye est peuplée de buveurs !
c. Ma volonté est de suivre Decius
d. et celui qui le matin me cherchera au bistrot
e. en sortira tout nu le soir !
f. Ainsi dépouillé, il criera :
g. Wafna, wafna !
h. Qu'as-tu fait, ô mauvais sort ?
i. La joie de ma vie
j. est complètement partie !

a. esse   **b.** volunt
c. lucebit   **d.** efflue
e. concutiantur

7

a. Allons, plonge-toi dans cette source d'abondance, et fonds-toi dans le savoir mystique,
b. afin que, par cet épanchement dans ce bain, soient ébranlés ceux qui
c. te trouvent méprisable à cause de la transgression d'Ève !
d. Car tu ne dois pas la pénétration de cette profondeur à un homme,
e. mais tu as reçu cela d'en haut, du juge supérieur et terrible
f. là où, par cette lumière étincelante, ta sérénité brillera fortement parmi ceux qui brillent.

8

a. Je n'ai pas un cœur de pierre
b. ou de fer, l'ourse ni la tigresse n'est ma mère :
c. et je serais assez dur pour n'être pas touché par l'amour de la patrie ?
d. Pour vouloir être exilé si loin, si longtemps ?
e. L'exil, c'est bien cela : avoir quitté son ciel,
f. sa patrie et ses dieux domestiques.

a. Dieu immortel !
b. Combien de divorces, voire bien pire que des divorces, arriveraient
c. si l'habitude de vivre entre homme et femme n'était pas soutenue et nourrie par l'admiration, l'humour, la complaisance, la tromperie et la dissimulation, comme qui dirait mes auxiliaires ?
d. Pfiou ! Il n'y aurait plus beaucoup d'unions,
e. si l'époux enquêtait scrupuleusement sur les petits jeux de sa soi-disant douce et tendre,
f. auxquels la pudique sainte-nitouche s'est livrée avant les noces ?

a. La main nue et l'intelligence livrée à elle-même ne valent pas grand-chose ;
b. elles se perfectionnent par des outils et des secours,
c. qui ne sont pas moins nécessaires à l'intellect qu'à la main.
d. En outre, de même que les outils mettent la main en mouvement et la dirigent,
e. de même les outils de l'esprit stimulent l'intelligence ou la mettent en garde.

a. Penser ? Là, je trouve, c'est la pensée ! Elle seule ne peut m'être arrachée, je suis, j'existe, cela est certain.
b. Combien de temps ? À coup sûr, aussi longtemps que je pense : il pourrait même bien se faire, si j'arrêtais complètement de penser, que je cesse aussitôt d'être, tout entier.

a. Un simple regard sur l'histoire ancienne montre d'ailleurs clairement qu'en diverses parties de la Terre, marquées par des cultures différentes,
b. naissent en même temps les questions de fond qui caractérisent le parcours de l'existence humaine :
c. Qui suis-je ? D'où viens-je et où vais-je ? Pourquoi la présence du mal ? Qu'y aura-t-il après cette vie ?
d. Ces interrogations sont présentes dans les écrits sacrés d'Israël, mais elles apparaissent également dans les Védas ainsi que dans l'Avesta ;
e. nous les trouvons dans les écrits de Confucius et de Lao Tseu, comme aussi dans la prédication des Tîrthankara et de Bouddha ;
f. ce sont encore elles que l'on peut reconnaître dans les poèmes d'Homère et dans les tragédies d'Euripide et de Sophocle, de même que dans les traités philosophiques de Platon et d'Aristote.

TABLEAU D'AUTOÉVALUATION

Bravo, vous êtes venu à bout de ce cahier ! Il est temps à présent de faire le point sur vos compétences et de comptabiliser les icônes afin de procéder à l'évaluation finale. Reportez le sous-total de chaque chapitre dans les cases ci-dessous puis additionnez-les afin d'obtenir le nombre final d'icônes dans chaque couleur. Puis découvrez vos résultats !

1. L'ordre des mots en latin — Révisions morphologiques

2. Le subjonctif

3. La phrase conditionnelle

4. La subordonnée au subjonctif — La concordance des temps Le discours indirect

5. Le temps : subordonnée avec *cum*, subordonnées temporelles proprement dites, concordance des temps

6. Le temps, suite : vocabulaire et représentation

7. L'espace

8. L'espace, suite. *Domus, urbs, orbis*

9. Récapitulons : Rome n'est plus dans Rome !

10. Apprendre à traduire

11. La complexité en latin

12. Une petite histoire de la langue latine

Total, tous chapitres confondus ....

Vous avez obtenu une majorité de…

Optime! Excellent !
Vous maîtrisez
maintenant le latin
et ses particularités !

Satis. Pas mal,
mais vous pouvez encore
progresser ! Refaites les exercices
qui vous ont donné du fil
à retordre en jetant un œil
aux leçons !

Rursus. Recommencez.
Vous êtes un peu rouillé…
Reprenez l'ensemble de l'ouvrage
en relisant bien les leçons avant
de refaire les exercices.

Mise en pages : Élodie Bourgeois pour Lunedit
Réalisation : lunedit.com
Relecture technique : Charline Laroche
Images © Shutterstock
© 2020 Assimil

Dépôt légal : août 2020
N° d'édition : 3994
ISBN : 978-2-7005-0828-4
www.assimil.com
Imprimé en Slovénie par DZS